사람을 망치는 선택,
사람이 바뀌는 선택

사람을
망치는 선택,
사람이
바뀌는 선택

이영만 지음

선택의 기로에서
망설이지 않는 법

페이퍼로드
paperroad

이제 뭐 하지? 어떻게 하지?

고민이 많은 건 그 모두가 해 보지 않고 가보지 않은 첫 일이고 첫 길이기 때문이다. 갈 수 없으면 차라리 좋겠지만 가고 싶은 길은 어디든 갈 수 있으니 생각의 늪에서 허우적거리게 된다. 그러나 중요한 건 그리 많지 않다. 대부분 사소하고 그래서 소모적이다. 뭘 하든, 어떻게 하든 그게 그것인 경우가 훨씬 많다. 그러니 보통 땐 그냥 살아도 되겠다. 대세에 지장 없는 것까지 머리를 싸매고 끙끙 앓을 일은 아닌 듯하다. 그래야 내 삶의 큰 그림을 그릴 때, 내 삶의 가치에서 중요한 몇 가지를 결정할 때 생각을 모을 수 있다.

살면서 많은 사람을 만나고 지켜보았다. 기자라는 직업 특성상 만난 이들이 무척 다양한 편이었고 그들이 가는 길도 다채로웠다. 가지 않는 길을 가는 사람, 힘든 길인 줄 알면서 뚜벅뚜벅 걷는 사람, 얍삽하게 지름길로 뛰어가는 사람, 무모하게 앞질러가는 길을 가는 사람, 묵묵히 가는 사람, 떠들썩하게 날뛰며 가는 사람. 옆에서 보면 그들의 종착역이 확실하게 보이고 그렇게 생각한 대로 대부분 결론이 나지만 정작 자신들은 가는 길의 끝을 모르고 있었다. 하긴 우리 모두도 그들과 크게 다르지 않지만….

그들을 보면서, 그리고 살아오면서 느낀 한 가지는 삶의 철학이다. 어떤 길을 어떻게 가느냐에 따라 잘되고 못 되는 것이 결정 나지만 길게 보면 최후의 승자는 자신의 올바른 생각에 귀를 기울인 사람들이었다. 비록 당장은 손해를 보더라도 갈 길이 아니면 가지 않은 사람들, 가야 할 길이라면 고통까지도 즐긴 사람들이 잘되기도 하고 편안하기도 했다.

삶은 사지선다형처럼 정답이 하나뿐인 건 아니다. 결과를 아주 무시할 수는 없지만 더 중요한 건 과정이다. 눈앞의 작은 이익에 사로잡혀 찜찜한 대로 가면 일시적으론 그럴 듯하지만 마지막은 늘 씁쓸했다.

새는 앉을 나무를 찾아갈 수 있지만 나무는 원하는 새를 앉게 할 수 없다. 뭘 하고 어떻게 할지를 결정하는 것은 어려운 일이지만 내가 내 생각대로 나를 결정할 수 있다는 건 그렇게 보면 큰 즐거움이다.

인생길. 가는 길을 알고 있으니 여유롭게 천천히 가자.

2018년 봄, 이영만

| 목차 |

#3

스포츠, 인생의 축소판

#1

무엇을 선택하고
무엇을 버릴 것인가

○

굽이 굽이 인생길 가는 법

길은 많고도 많죠. 두 갈래, 세 갈래, 그리고 셀 수 없이
많은 길이 있습니다. 어느 길로 갈지가 언제나 고민이죠.
고생길일 수도 있고 돌아가지 않을 수 없을 때도 있기 때
문입니다. 하지만 사실 그게 그겁니다. 어느 길이나 크든
작든 언덕도 있고 강물도 있고 흙탕길도 있으니까요. 길은
다시 합쳐지기도 합니다.

인생길은 짙은 안개 속이죠. 한 치 앞 내다보기가 힘듭
니다. 그러니까 사람인 거죠. 분명 갈 수 있다는 것을 알지
만 뚜렷하게 보일 때는 많지 않습니다. 그렇다고 머뭇거릴
수는 없죠. 끊임없이 앞으로 나가는 것이 태어난 모든 자

들의 숙명이니까요. 가다 보면 보이고 또 다음을 향해 갈 수 있습니다.

늘 나만 힘든 건 아니죠. 산마루를 넘는 것. 그게 우리네 삶이 아닌가요. 오르막은 심하고 좌우 어느 쪽이든 비탈이 니까요. 어느 쪽을 택해도 미끄러지긴 마찬가지입니다. 당연히 힘들죠. 나뿐 아니라 그 누구라도. 이런 곳에선 도저히 살아남을 수 없다고 투덜대지 않아도 됩니다.

누구나 몇 번은 떨어져야 넘습니다. 힘드니까 인생인 겁니다. 힘들지 않은 것은 단 한 가지도 없습니다. 어느 날 그냥 걷고 뛰게 되었지만 엄청난 도전의 결과입니다. 제대로 한 번 뒤집기 위해서 뒤채임을 수없이 반복했습니다. 기기 위해, 걷기 위해, 뛰기 위해 수많은 실패를 하며 십여 년의 시간을 보냈습니다. 커가는 과정에서 당연히 겪는 것들이라 그러려니 하고 머리보다는 몸으로 익히는 것이라서 미처 기억을 못하고, 안 하는 탓이지 그냥 그리 된 것은 아닙니다.

어머니는 그 아픈 과정을 온몸으로 함께 겪습니다. 걷지 않고 뛰지 않으면 세상살이도 없음을 알기 때문입니다. 살다 보면 다 살아지는 것이죠. 못 견디게 괴로웠던 일도, 도저히 탈출구가 없는 것처럼 보였던 일도 어느 날엔가는 허

허 웃으며 넘기게 됩니다. 그럴 수 있을까 싶지만 묘하게도 참 그렇습니다.

지내놓고 보면 만 가지 근심, 걱정이 다 그렇게 부질없는 것이었습니다. 하지만 그런 걸 다 어찌 알겠습니까. 죽을 때까지 살아보지 않았으니. 산다는 건 선택의 연속입니다. 아주 사소한 일에서부터 매우 중요한 일까지 우리는 매순간 결정하고 선택해야 합니다. 그래서 인생은 곧 선택이라고도 하지만 그렇다고 해서 선택의 고민 속에서 허우적거릴 필요는 없겠지요. 군이 선택하지 않아도 될 것들이 훨씬 더 많기 때문입니다. 내 삶의 목표에서 반드시 결정해야 하는 큰 것 몇 가지, 내 삶의 가치에서 중요한 한두 가지, 그리고 뜻하지 않게 마주치게 되는 고비에서 망설이게 되는 것들 정도가 심각하게 고민해야 할 전부가 아닌가 생각합니다. 더러는 무심코 내린 아주 작은 결정이 먼 훗날 중요하게 작용하는 경우도 있지만 그것까지 우리가 어찌할 수 있겠습니까.

○

더러는 빈둥거려 봐야 한다

새는 앉을 곳을 선택하지만 나무는 앉힐 새를 선택하지 못하고, 나비는 앉을 꽃을 선택하지만 꽃은 앉힐 나비를 선택하지 못합니다. 결과를 책임져야 하지만 선택할 수 있다는 것은 꽤 괜찮은 권리입니다.

인생은 길다고도 하고 짧다고도 하나 살아온 날은 언제나 짧게 느껴집니다. 수십 년을 살았다고 해도 반추해보면 한순간입니다. 남은 날들은 꽤 긴 것 같지만 그 역시 지나고 보면 마찬가지이겠지요. 인생은 짧은 것이고 인생의 선택에서 의미 있는 것은 그 길이가 아니라 값어치일 겁니다. 무엇이 될까가 아니라 어떻게 살까를 먼저 고민해야 합니다.

인생은 가장 빨리 달린 사람에게 금메달을 주는 100미터 경기가 아닙니다. 높은 곳에 올랐다고 가장 행복한 것도 아닙니다. 느리게 가야 빨리 가는 사람이 보지 못한 것을 볼 수 있습니다. 먼저 갔다고 해서 이기는 것도 아니죠. 인생 레이스는 결과 못지않게 과정이 중요합니다. 실패한 결과도 아름다운 과정을 거쳤다면 얼마든지 존경받을 수 있는 복잡한 레이스입니다.

실패를 두려워 말아야 합니다. 실패는 인생살이에서 늘 있는 일입니다. 실패와 성공은 모두 도전의 부산물입니다. 실패가 두려워 시작하지 않으면 실패도 없겠지만 얻을 수 있는 것 역시 하나도 없습니다. 실패는 성공으로 가는 길목입니다.

보다 많이 보다는 보다 적게가 좋습니다. 욕심은 항상 고통을 수반합니다. 마음뿐 아니라 몸까지 망칩니다. 비범과 평범은 사회적 성공의 잣대일 뿐이지 가치는 아닙니다. 남을 아프게 한 비범한 성공보다는 배려 속의 평범한 삶이 지내놓고 보면 더 좋습니다.

더러는 빈둥거려 봐야 합니다. 여유와 휴식이 필요합니다. 그 속에서 바쁘게 돌아다니다 보면 원래 가고자했던 길을 잃어버립니다. 한 번쯤 가만히 서서 둘러보고 돌아봐야 합니다. 목적지를 잃고 나면 빨리 간들, 신나게 간들 무슨 소용이 있겠습니까.

우리네 인생이 뻔한 4지선다형이 아니어서 참 다행입니다. 한 장의 손익계산서로 셈할 수 있는 것이 아닌 것도 참 다행입니다. 나의 바른 선택이 바로 정답이고 이익을 남기는 일입니다.

o

인생은 BCD

– 태어나서(Birth) 선택하며 살다가(Choice) 죽는 것(Dead)

왕은 번민에 빠졌습니다. 이름 꽤나 알려진 학자들과 토론을 벌였으나 어느 누구도 마음에 쏙 드는 답을 내지 못했습니다. 그럴싸하지만 늘 뭔가 빠진 듯한 허전함이 있었습니다. 왕은 필생의 과제로 삼고 지시를 내렸습니다.

'인생이란 무엇인가?'

왕의 명령을 받은 신하는 각 분야의 전문가들을 모았습니다. 어떻게 하다 보니 모여든 학자가 백여 명에 이르렀습니다. 완벽을 기하기 위해 철학자는 물론이고 수학, 물리학, 어학에 기술, 예술 분야의 전문가들까지 포함시켰기 때문이었습니다.

'인생 팀'은 이내 작업에 들어갔습니다. 과연 인생은 어려웠습니다. 그리 어렵지 않을 것이라고 생각했지만 연구하고 토론할수록 결론은 더욱 어려워졌습니다. 밤을 꼬박 새우며 수없이 많은 나날을 보냈지만 생각이 다 달라서 정의를 내릴 수 없었습니다. 갑론을박(甲論乙駁)에 백가쟁명(百家爭鳴)이었습니다. 그래도 시간이 흐르자 조금씩 이야기들이 모아지기 시작했습니다. 학자들은 하나하나 정리를 하면서도 나온 것들을 서술식으로 총망라했습니다. 다양한 의견을 들려주는 것이 좋을 것 같아서였습니다.

1년이 가고 2년이 지나갔습니다. 책도 점점 두꺼워 졌습니다. 100여 명의 학자가 오직 그 일만 하면서 10여 년의 세월을 보낸 끝에 마침내 10권의 책이 탄생했습니다. 수천 페이지에 수천만 자로 엮은 역사상 최고의 책이었습니다. 책을 앞에 두고 학자들은 인생이 그 아무리 대단하다 해도 결코 빠져나갈 수 없을 것이라며 뿌듯해 했습니다.

여러 명의 학자가 책을 나누어 들고 왕 앞에 나아갔습니다. 입이 떡 벌어질 정도의 책을 보면서 왕은 말했습니다.

"많은 고생을 했다. 하지만 그 사이 몸도 약해지고 눈도 침침해져서 그 책들을 다 읽을 수가 없다. 그러니 절반 정도로 줄여오도록 하라."

힘든 작업이 다시 시작되었습니다. 그 사이에 몇몇 학자들도 병약해져 필진을 교체하기도 했습니다. 처음보다는 쉬웠지만 줄이는 것 역시 만만치 않았습니다. 편하게 뺄 만한 내용이 없었습니다. 빼고 넣고 다시 빼는 등 소모적인 작업을 되풀이한 끝에 책을 5권으로 줄였습니다. 그 사이 또 5년여의 세월이 흘렀습니다. '이번에는' 하고 왕에게 갔지만 왕은 이번에도 퇴짜를 놓았습니다. 10년 전만 해도 다섯 권 정도는 충분히 읽을 수 있었지만 이젠 어림없을 정도로 몸이 약해진 탓이었습니다. 왕은 책을 다시 한 권으로 정리하라고 했습니다.

학자들도 많이 쇠약해 졌습니다. 하지만 왕이 더 약해지기 전에 책을 완성하기로 마음먹고 일에 박차를 가했습니다. 덕분에 불과 1년 만에 축약본이 완성되었습니다. 그러나 왕은 이미 한 페이지도 읽기 힘든 상황이었고, 임종을 앞두고 있었습니다. 왕은 가쁜 숨을 몰아쉬며 물었습니다.

"인생은 무엇인가."

"인생은 태어나서 살다가 죽는 것입니다."

대표 학자는 그렇게 말하며 눈물을 글썽였습니다. 자신도 죽음을 향해 가고 있다는 것이 슬퍼서가 아니었습니다. 그 한마디를 위해 20여 년간 정신없이 산 것이 허탈하기도 했고 어찌 되었든 그렇게라도 결론을 내릴 수 있었던 것이 다행스럽기도 했기 때문이었습니다.

그들이 그렇게 가고 난 후 오랜 세월이 지나 태어난 프랑스의 실존주의 철학자 장 폴 사르트르는 그 방대한 10권의 책에 가득 실린, 또는 단 한마디로 표현된 '살다가'를 선택이라고 정의 했습니다.

"인생은 태어나서 죽는 것인데 그 사이에 선택이 있다."

'태어나서(Birth) 크고 작은 수많은 선택(Choice)을 하고 그 결과에 따라 살다가 결국 모두 죽는다(Death).'

그러나 그나마도 그 세 단어 중에서 태어나고 죽는 일은 인간의 마음대로 되는 것이 아니니 우리가 일생에서 할 수 있는 일은 선택, 한 단어밖에 없습니다.

o

무엇을 선택하고 무엇을 버릴 것인가

선택하지 않은 다른 한 가지에 대한 미련. 로버트 프로스트도 그래서 〈가지 않은 길〉에서 간 길에 대한 평가보다는 가지 않은 길에 대한 미련과 아쉬움 때문에 한숨을 내쉬었습니다.

노란 숲 속에 길이 두 갈래로 났었습니다.
나는 두 길을 다 가지 못하는 것을 안타깝게 생각하면서,
오랫동안 서서 한 길이 굽어 꺾여 내려간 데까지,
바라다볼 수 있는 데까지 멀리 바라다보았습니다.

그리고, 똑같이 아름다운 다른 길을 택했습니다.

그 길에는 풀이 더 있고 사람이 걸은 자취가 적어,

아마 더 걸어야 될 길이라고 나는 생각했었던 게지요.

그 길을 걸으므로, 그 길도 거의 같아질 것이지만.

그날 아침 두 길에는

낙엽을 밟은 자취는 없었습니다.

아, 나는 다음 날을 위하여 한 길은 남겨 두었습니다.

길은 길에 연하여 끝없으므로

내가 다시 돌아올 것을 의심하면서…….

훗날에 훗날에 나는 어디선가

한숨을 쉬면서 이야기할 것입니다.

숲 속에 두 갈래 길이 있었다고,

나는 사람이 적게 간 길을 택하였다고,

그리고 그것 때문에 모든 것이 달라졌다고.

- 〈가지 않은 길〉, 로버트 프로스트, 피천득 역

어떤 길을 가야 하고 어떻게 가야 할까요. 인생길은 참

야박하고 다양하고 변화무쌍합니다. 그리고 언제나 혼자서 꾸려가야 합니다.

인생이란 무대의 주인공은 자기 자신입니다. 무대가 아무리 커도 모든 건 자신을 중심으로 돌아갑니다. 세상에서 가장 힘든 건 자기가 한 고생이고, 세상에서 가장 큰 고민은 지금 자기 자신이 하고 있는 고민입니다. 내가 주인공인 무대. 결과를 책임져야 합니다. 출생을 선택한 건 아니지만 인생 무대에서 무엇을 할 것인가는 자신이 알아서 해야 합니다.

특별히 역할을 받은 적이 없습니다. 뭘 하라고 지시하는 이도 없습니다. 무대에 선 그 순간부터 무대를 내려가는 마지막 순간까지 시종여일합니다. 열심히 할 것인지 대충할 것인지, 큰 역을 할 것인지 작은 역을 할 것인지 등 아주 세세한 것까지 하나하나 다 고르고 골라야 합니다.

#2

**사람을 망치는 선택,
사람이 바뀌는 선택**

○

마흔 여섯, 비로소 터져 나온 노래 _ 장사익

때가 있다. 무엇이나 다 적당한 때가 있다. 서둘러도 그
르치고 너무 늦어도 그르친다. 매화는 초봄이 필 때고 국
화는 늦가을이 필 때다. 때를 알고 그때를 미리미리 대비
하면, 때에 잘 맞춰 움직이면 훨씬 많은 것을 얻을 수 있다.
그러나 그때가 요지부동인 것은 아니다. 매화는 자연의 흐
름에 그대로 따라야 한다. 살아있는 것이지만 생각이 없기
때문이다. 사람은 누구나 의지가 있다. 의지가 있으면 때
는 언제든지 만들 수 있다. 늦어도 늦은 것이 아니다. 늦었
다고 생각할 때가 바로 시작할 때이다.

마흔 여섯. 뭔가를 시작하기엔 너무 늦은 나이다. 그것

도 대중을 상대하는 가수라면. 하지만 장사익은 음반을 냈다. 그의 소리를 익히 아는 사람들이 이구동성으로 권했다. 혼자 듣기 아까운데 왜 재능을 썩히느냐며 난리였다. 괜한 소리라고 생각하면서도 워낙 하고 싶었던 일이었고 잘할 수도 있겠다 싶어서 용기를 냈다.

술 한 잔 들어가야 겨우 사람들 앞에 설 수 있었던 장사익이었다. 많은 사람들이 모인 자리에서 큰 소리로 이야기 한 번 제대로 한 적 없던 그의 놀라운 변신이었다. 하지만 부끄럽다며 시작한 그의 도전은 행복이었다.

단 한 번의 녹음으로 만들어진 카세트 테이프. 홍보할 여력도 없었고 새로운 소리를 들려줄 무대도 없었다.

'하얀 꽃 찔레꽃. 순박한 꽃 찔레꽃. 별처럼 서러운 찔레꽃… 찔레꽃 향기는 너무 슬퍼요. 그래서 울었지. 목놓아 울었지.'

거친 듯하면서도 맑고 깊은 소리가 터져 나왔다. 한이 쌓이고 쌓이지 않으면 결코 나오지 않을 '찔레꽃'이었다. 한바탕 부르기 시작하면 가슴 저 밑바닥에서 잠자고 있던 알 수 없는 그 뭔가가 끊임없이 끓어오르는데….

무대가 필요하지 않았다. 달리 홍보할 것도 없었다. 마흔여섯 세월이 뚝뚝 떨어지는 카세트테이프 앞에 더러는 눈물을 흘리기까지 했다. 입소문을 타고 퍼져 나간 '천상 소리꾼'의 소리를 듣기 위해 사람들은 그리 오래지 않아 열린 세종문화회관의 첫 공연장에 밀려들었다.

"넌 아무래도 음치 같다."

중학교 음악 시간이었다. 선생님은 노래를 듣는 둥 마는 둥 하더니 한마디 했다. 선생님의 그 말은 오래 갔다. 조금 다른 그의 소리에 반 친구들 역시 웃음보를 터뜨렸다. 창 피했다. 그 후로 쭉 노래를 멀리했다. 고교를 졸업하고 군 대를 다녀온 후 생활전선에 뛰어들었다가 IMF 때 실직을 했다. 그 후로 이것저것 안 해본 게 없다. 험하고 힘든 일도 마다할 처지가 아니었다. 카센터, 전자제품 판매, 보험 등.

얼핏 들으면 그럴싸한 것도 있지만 기실 변변치 않았다. 아니다 싶었다. 태평소를 집었다. 어릴 적 시골에서 아버 지를 따라다니며 들었던 흥겨운 가락. 30대 때 취미 삼아 해 본 것이 도움이 되었다.

묵히고 묵혔던 재능이 폭발했다. 그의 흥겨운 태평소는 전주대사습놀이 공주농악, 금산농악 장원으로 이어졌다. 노는 마당이 자연적으로 늘어났다. 소리를 했더니 반응이 괜찮았다. 소름 끼치는 소리. 사람들은 온몸에 털이 모두 곤두서는 느낌을 받았다.

'한 3년 마음먹고 해 보자' 했던 것이 어느 새 20여 년이다. 삶의 한이 켜켜이 쌓여있는 그의 무대는 늘 관중들로 들끓는다. 방송에 얼굴 한 번 제대로 안 내비쳐도 그렇다. 결코 미끈하지 않은 환갑 소리꾼의 소리임에도 그렇다.

시간 날 때마다 북한산 이곳저곳을 뛰어다니는 장사익 씨. 그의 소리는 나이를 먹지 않는다. 2시간여의 공연을 혼자 다해도 지루하지 않다. 들을수록 더 빠져든다. 슬픔인지, 속 후련함인지, 카타르시스인지.

시바타 도요 할머니는 92세에 시를 쓰기 시작했다. 98세에 '좌절하지 마'라는 제목의 시집을 냈다. 100세에 100만부, 베스트셀러 시인이 되었다. 삶을 관조한 할머니 시인의 속삭임이어서 마음을 더욱 적신다.

난 말이지, 사람들이
친절을 베풀면
마음에 저금을 해둬
쓸쓸할 때면 그걸 꺼내
기운을 차리지

너도 지금부터 모아두렴

연금보다 좋단다

불행하다고 한숨 쉬지 마

햇살과 산들바람은

한쪽만 편들지 않아

꿈은 공평하게

꿀 수 있는 거야

괴로운 일이 많았지만

살아 있어 좋았어

그러니 당신도 좌절하지 마

사십 중반의 신인 소리꾼, 100세 노인의 시집은 물론 특별한 경우이다. 누구나 할 수 있는 것은 아니지만 그렇다고 특별한 누구만 할 수 있는 것도 아니다. 그들은 시도하고 도전했지만 대부분의 경우 지레 포기해고 나서지 않아 이루지 못한다. 그들도 새로운 길을 선택하지 않았다면 대부분의 경우와 다를 게 없었을 것이다. 오늘 못하면 내일도 못한다. 내일은 없다. 내일도 내일의 오늘이니 언제나 오늘 밖에 없다. 지금이야말로 바로 시작할 때다.

○

최후의 경기를 위해 지다 _ 노무현

　누구나 다 아는 실패의 길. 그래서 '바보'였다. 노무현은 1992년 부산에서 제14대 국회의원 선거에 출마했으나 낙선했다. 충분히 예상한 결과였다. 전두환의 5공 청문회에서 천둥번개 같은 사자후를 터뜨려 대중적 공감을 불러일으켰으나 김영삼과 길을 달리 했기 때문이었다. 1990년 1월, 여당과 제2, 제3야당 총재인 노태우, 김영삼, 김종필 등은 서로의 정치적 이익을 이익을 위해 합당을 발표했다. 소속 국회의원 대다수가 좋든 싫든 따라 나섰지만 노무현은 '부도덕한 야합'이라고 비난하면서 그의 정계 인도자이기도 한 김영삼과 등을 돌렸다.

의로운 선택이지만 정치적 이해를 따지면 그건 실패로 가는 지름길이었다. 부산에서 YS와 따로 놀겠다는 것은 정치를 하지 않겠다는 것과 같은 뜻이었다.

1995년 부산시장에 출마했으나 역시 낙선이었다. 1996년 제15대 국회의원 선거에는 서울 종로에 출마했다. 결과는 또 낙선. 이명박, 이종찬 등과 맞붙었으나 당 서열의 한계를 극복하지 못하고 3위에 그쳤다. 그러다 1998년 선거법 위반 혐의를 받고 있던 이명박이 서울시장 출마를 이유로 떠나면서 치르게 된 보궐선거에서 이겨 어렵사리 의원 뱃지를 다시 달았지만 오래가지 못했다.

2000년 제16대 총선은 다시 부산. 종로에서의 재출마가 이기는 선택이었으나 노무현은 '지역주의 타파'를 외치며 '지기 위해' 호랑이 굴인 부산으로 향했다. "사람이야 훌륭하고 좋지만 호남 연고의 새천년민주당 후보를 뽑을 수는 없지 않는가"라는 것이 당시 지역 선거구민들의 안타까운 정서였다.

10여 년간 5번의 선거에서 반쪽 선거에 한 번 이겼을 뿐 4패를 거듭한 노무현은 그러나 실패에 굴하지 않고 열심히 자신의 길을 갔다. 그리고 2002년 초 당시 여당이었던 새천년민주당의 대통령 후보전에 뛰어 들었다. 김대중 정부 시절 해양수산부 장관을 지낸 뒤 몇몇 기자들과의 술자리에서 대통령이 될 것이라고 말한 적이 있었지만 대통령을 불철주야 꿈꾸던 사람이 아니었기에 그 역시도 성공 가능성은 높지 않았다.

노무현은 인터뷰에서 '왜 나섰는가'라는 질문에 '이인제 같은 사람이 우리 당의 대통령 후보가 되어서는 안 되겠기에'라고 한 적이 있다. 100퍼센트 정답은 아닌 듯하지만 그것 또한 한 가지 이유였던 것은 맞는 듯싶다. 그가 '되면 안된다'고 한 이인제는 한 때는 경기도지사를 역임하며 강한 기운으로 대통령 후보 경선에 나서는 등 젊은 바람을 일으켰던 풍운아였다. 그러나 경선에 불복, 탈당 후 대선에 나서는 등 필요에 따라 당적을 여러 번 바꾼 정치인이었다.

2002년 3월 9일 제주를 비롯 15개 시도를 돌아 4월 26일 서울에서 끝나는 국민 경선제. 첫 선을 보인 이 16부작 정치 드라마의 초반 주인공은 이인제였다. 철새건 아니건 대세는 이인제였다. 이인제는 부동의 1인자였고 노무현은 지지율 10퍼센트 미만의 군소후보였다. 하지만 이인제의 정체성을 거론하며 두각을 나타내기 시작한 노무현은 최대의 승부처인 광주에서 일약 1위를 하면서 반전 드라마의 주인공이 되었다. 그리곤 마침내 서울에서 새천년민주당의 제16대 대통령 선거 후보로 공식 선출됐다.

단역으로 출발해 2개월도 채 안 되는 기간에 주인공으로 우뚝 선 노무현. 경선 과정을 지켜보면서 많은 국민들이 그의 진정성을 다시 한 번 평가하게 되었다. 기꺼이 실패를 선택하며 꿋꿋하게 자기 길을 걸은 '바보 노무현'을 좋아했다.

비주류에 마이너리그 출신인 노무현의 험로는 그쯤에서 끝나지 않았다. 같은 당의 인사들에게까지 인정을 받지 못했지만 그건 어디까지나 정치인들의 문제였다. 투표권을 지닌 유권자들은 어떤 위기에도 굴하지 않고 질 것 같은 싸움인데도 편법을 쓰지 않고 정공법으로 치고 나가는 노무현에게 마지막까지 박수를 아끼지 않았다.

노무현은 지는 선택을 했으면서도 최후의 경기에서 이겼다. 지금 졌다고 다 진 것은 아니라고 했던 노무현 대통령. 그는 그가 평소 좋아했던 우공이산(愚公移山)의 대단함을 실천한 사람이었다. 삽 한 자루로 산을 옮기겠다며 흙을 퍼나르는 우공의 바보 같음과 고단함을 본 하늘이 대신 산을 옮겨준 그 이야기대로.

"언제 대통령이 되어야 겠다고 마음먹었습니까?"

"글쎄요. 딱히 언제라고 말하기가…. 대통령을 해야겠

다고 말 한 적은 있었지만 그게 꼭 그런 것이라고 하긴 좀 그렇지요."

"그럼 언제 대통령이 될 줄 알았습니까?"

"거의 마지막이 되어서야."

2006년 3월 경향신문 편집국장 시절 노무현 대통령과 단독회견을 끝내고 점심을 하기 위해 함께 청와대 영빈관으로 향하는 길이었다. 평소 개인적으로 궁금했던 두 가지 질문을 던졌지만 예상했던 대로 대통령의 대답은 그다지 명쾌하지 않았다. 그는 일생의 목표를 대통령에 두지 않았고 어쨌든 가야 할 길이기에 예상 가능한 실패의 길을 결코 마다하지 않았다.

골프장 캐디의 결심 _ 구옥희

구옥희에게 골프는 꿈이 아니었다. 살기 위한 최소한의 수단이었다. 조실부모한 열아홉 여고 졸업생이 할 일은 그다지 많지 않았다. 집에서 멀지 않은 골프장에서 여직원을 뽑았다. 손님의 골프백을 메고 함께 걸어 다니는 일이었다. 골프라는 운동이 잘 알려지지 않았던 1975년쯤이었다. 캐디라는 직업 역시 생소했다. 지금과는 달리 특별히 전문성을 따지지도 않았다.

6홀짜리 작은 골프장. 캐디 일은 생각보다 재미있었다. 골프도 재미있어 보였다. '한 번 해 볼까' 했지만 여자들은 골프장에 다니지 않을 때였다. 남자 프로선수는 있었으나 여자 골프선수는 단 한 명도 없었다. 그렇다고 못 할 건 없지. 어깨 너머로 배우며 혼자서 연습했다. 3년 후 다른 3명과 함께 한국 최초의 여성 프로골퍼가 되었다. 캐디에서 선수로 변신했지만 대회가 많지 않았다. 어쨌든 1년쯤 후 우승을 해 봤다. 80년과 81년 9차례나 우승하며 국내 최고의 자리에 올랐다.

이웃 일본을 바라보았다. 대회가 자주 열리고 상금도 꽤 많았다. 아무도 가지 않은 길인데 괜찮을까. 어려울 것 없어 보였다. 더 잘할 수 있으리라는 자신도 있었다. 자나 깨나 골프였다. 연습으로 아침을 시작하고 연습으로 하루를 마감했다. 하기 싫으면 하기 싫은 것을 뛰어넘는 훈련을 했다. 골프 외에는 아무것도 생각하지 않았다. 친구도 잘 안 만났다. 연애는 생각 자체를 하지 않았다. 물집이 잡히면 그 상태에서 또 연습했다. 굳은살이 생겨 더 이상 물집이 안 잡힐 때까지 채를 잡고 휘둘렀다.

막무가내식 훈련이었으나 막무가내는 아니었다. 연습을 통해 폼을 만들었고 골프 교본을 보면서 스스로 교정했다. 자신에게 딱 맞는 '구옥희 스윙폼'은 그때 창조되었다. 83년 일본 프로테스트에 합격하며 한국 여성 최초로 일본 원정기를 쓰게 되었다. 1년 만에 일본 그린을 점령했고 85

년에는 3승을 올렸다. 이제는 멀리 미국을 바라보았다. 일본에서 열린 미LPGA대회에서 3위를 한 덕분에 출전 자격을 얻었다.

미국 무대는 쉽지 않았다. 한국, 일본과는 비교할 수 없었다. 전 세계에서 모인 선수들로 그린은 항상 북적거렸고 대회도 자주 열렸다. 처음 골프를 시작할 때 한국에서 연간 열린 대회가 5개였는데 미국에선 그 대회를 한 달 만에 치렀다.

무엇보다 힘든 건 외로움이었다. 가까운 일본에선 느끼지 못했던 감정이었다. 피부색도 다르고 말도 다른 낯선 곳에서 바닥까지 긁으며 한 2년여를 보내고 나니 오만 정이 다 떨어졌다. 해도 해도 성적은 나지 않고 그리움은 더해가고…. 돌아갈까도 했지만 처음의 자세로 돌아갔다. 골프 훈련 대신 참선을 하며 마음공부에 매진했다. 열정이 되살아났다. 그리고 1988년 3월 스탠더드레지스터 대회에서 정상을 밟았다. 역시 처음이었다. 그녀의 우승은 그러나 큰 화제가 되지 않았다. 10년 후 박세리가 우승했을 때와 비교하면 엄청난 차이이다. 그 우승의 대단한 의미를 그때만 해도 알지 못했다.

벅찬 도전의 연속이었지만 구옥희는 굳이 도전은 아니

었다고 했다. 그녀에게 장애물은 도전이 아니라 치우고 가면 되는 재미있는 일거리였다. 구옥희 프로. 까무잡잡한 얼굴이 매력적이고 밝은 웃음이 매력적인 여인이었다. 그것이 그의 훈장임을 모두 알기 때문이다. 무모한 사람들, 그러나 끝까지 그 길을 가는 사람들. 사람의 매력은 그런 것일 게다.

○

사랑에 전부를 걸다 _ 자오즈민

30여 년 전 중국은 중공이었다. 소련이 철의 장막이었다면 중공은 죽의 장막이었다. 그 너머에서 무슨 일이 일어나는지 누구도 정확하게 알지 못했다. 우리와는 6·25전쟁 이후 수교가 없었고 민간 차원의 왕래도 공식적으론 불가능했다. 그런 중국이 1986년 서울 아시안게임에 처음 참가했다. 그들은 종합 1위를 목표로 대규모 선수단을 보냈고 그 속에는 중국이 자랑하는 탁구 국가대표 자오즈민이 있었다. 자오즈민의 목표는 당연히 금메달이었다. 하지만 이 23세의 꽃다운 처녀는 아무도 모르는 비밀을 간직하고 있었다.

한국 남자탁구 대표 안재형이 그녀의 숨겨진 목표였다. 해외의 국제대회에서 마주칠 때마다 은밀하게 사랑의 눈빛을 나누는 사이였지만 두 사람의 사랑은 이루어질 수 없는 것이었다. 단지 사회주의와 자본주의의 체제 문제만은 아니었다. 두 나라는 교류가 전혀 없는 적대국에 가까웠다. 국경을 초월하고 언어를 뛰어넘는 정도의 수준이 아니었다.

말이 통한다 해도 직접 보지 않으면 대화를 할 수도 없었다. 전화는 있어 봤자 전시품이나 다름없었다. 헤어져 있을 때는 편지가 유일한 수단이었으나 국제우편을 이용할 수 없었다. 사용 자체가 쉽지 않은 터에 두 나라 간 연결이 되지 않았다. 한 달, 두 달이 걸리는 인편만이 가능했지만 그것도 한국인은 아무 소용이 없었다. 미국을 비롯해서 제3국 국적의 인사를 통해야만 했다.

이건 처음부터 꿈을 꾸어서는 안 되는 일이었다. 하지만 자오즈민은 결코 포기하지 않았다. 하나하나 계획을 세우고 차근차근 실천했다. 재미교포 지인과 중국 쪽 조선족 인사를 사랑의 메신저로 삼아 편지를 교환하고 사랑의 징표를 보내고 사진을 날랐다.

애간장이 녹아나는 위험한 사랑이었지만 자오즈민은

즐거웠다. 편지지가 닳아 없어질 때까지 읽고 또 읽었다. 시간이 지날수록 사랑의 크기는 커져갔다. 그러나 꼬리가 길면 잡힌다고 했던가. 한국의 경향신문이 두 사람의 사랑을 대서특필하고 다른 신문, 방송에서도 줄줄이 기사를 내보냈다. 세계적인 화제가 되었지만 그 날로 그들의 사랑은 깨졌다. 그럴 수밖에 없는 상황이었다. 자오즈민은 당국의 눈총을 받는 딱한 처지가 되기까지 했다.

두 사람은 해외 대회에서 만나는 것도 어려웠다. 사랑의 메신저들도 행동에 제약을 받았다. 자오즈민의 사랑은 그렇게 잊혀져 갔다. 그러나 그 순간 자오즈민은 사랑의 계획을 다시 세웠다. 그리고 둘의 사랑이 모두의 기억 속에서 사라져 간 89년 스웨덴 주재 한국대사관에서 자오즈민과 안재형은 혼인 서약을 하고 혼인 신고를 마쳤다. 법적으로 양국 영토에선 결혼 인정이 안 되기 때문이었다. 이루어질 수 없는 사랑을 이룬 매력의 여인 자오즈민은 한국으로 귀화해 중국에서 크게 사업을 일으켰고 아들을 훌륭한 프로골퍼로 키웠다.

○

하늘과 가장 가까운 길 _ 엄홍길

엄홍길은 정말 강인한 사람이다. 아주 오랫동안 지구상에서 하늘의 별과 가장 가까운 히말라야에서 살다시피 하면서 히말라야 8천미터 14좌와 위성봉인 로체샤르(8400m)와 얄룽캉(8505m)에 오른 세계 최초 16좌 완등 산악인이다.

보통 강단이 아닐 수 없지만 겉보기의 엄홍길은 그야말로 수더분하다. 말이 많은 편도 아니고 잘하는 편도 아니다. 앉아있는 시간이 길어지면 졸기도 한다. 히말라야를 이야기할 때면 졸다가도 잠시 생기를 띄지만 그뿐이다. 옆에서 누가 다가와 '대단하다'고 해도 고개만 조금 숙이지 자랑하는 법이 없다. 그저 산이 오르도록 허락해준 것이니 당연히 내세울 것도 없지 않느냐는 투다. 그가 정복이라는 말을 절대 쓰지 않는 이유이기도 하다.

엄홍길은 그 정상에 서기 위해 22년 동안 22번 무릎을 꿇었다. 그 과정에서 후배 6명과 세르파 4명을 먼저 보내야 했다. 그 자신도 발목이 꺾어지는 결정적 부상을 입었다. 모두 이제 끝이라고들 했지만 그에게 끝은 없었다. 강인하지만 강인함을 드러내지 않을 수 있는 건 고비를 수없이 뛰어넘은 사람만이 가질 수 있는 겸손함 덕분이다. 그는 실패를 밥 먹듯이 하면서도 실패를 두려워하지 않았고 죽을지도 모른다면서도 죽음의 길을 피하지 않았다. 아침 태양을 누구보다 황홀하게 바라볼 수 있는 건 그만큼 밤의 무서움을 많이 겪었기 때문이다. 죽음을 뛰어넘은 듯하면서도 죽음을 두려워하는 건 죽음의 문턱에 수없이 가봤기 때문이다.

º

극한의 고통을 견디다 _ 김근태

　영원한 민주주의자 김근태. 그를 처음 본 사람들은 장관 치고는 좀 이상하다고 생각한다. 말이 어눌하고 행동이 어딘가 모르게 부자연스럽기 때문이다.

　보건복지부 장관 시절 가끔 전화 통화를 했다. 정책에 관해 물어보기도 하고 안부를 묻는 경우도 있었다. 대충 아는 내용이라서 말을 주고받았지만 무슨 말인지 정확하게 파악하지 못할 때도 있었다. 어눌함과 부자연, 그것은 견딜 수 없는 고통을 견딘 훈장이다.

　그는 서울대 재학시절 학생운동을 하다 제적된 후 갑자기 군대에 끌려갔다. 제대 후 다시 민주주의를 외쳤고 민청련 사건으로 1985년 9월 안기부에 잡혀가 모진 고문을 받았다. 고문은 거의 한 달간 이어졌다. 물고문이 끝나면 전기고문을 하고 비명을 지르느라 목이 부어 말을 못할 지경이면 약을 먹어서 억지로 목이 트이게 했다. 고문은 일단 시작하면 기본이 5시간이었다. 하루에 두 번도 부지기수였다.

희대의 고문기술자 이근안 등은 '최후의 만찬'이니 '너 장례날'이라는 등 수시로 공갈, 협박을 하며 집단 폭행을 가했다. 잠을 안 재우고 밥을 굶기고 알몸으로 시멘트 바닥을 기게 하는 일이 다반사였다. 영화 〈남영동, 1985〉가 탄생하게 된 배경인데 그때의 고문으로 김근태 의원은 손발을 떨고 몸이 굳어지는 파킨슨병을 앓았으며, 외상 후 스트레스장애에 시달리다 64세의 한창 나이에 숨을 거두었다.

죽음까지도 훌쩍 앞당긴 고통을 겪었지만 김근태는 나오면 다시 민주화 운동을 계속했다. 견딜 수 없는 고통도 그의 의지를 결코 꺾지 못했다. 두 차례 5년 6개월에 걸친 감옥 생활, 26차례의 체포, 7차례의 구류, 죽음의 문턱을 넘나든 고문을 견딘 그의 고된 삶이 있어 오늘 우리는 매력적인 민주사회에 잘 살고 있다.

○

인생의 고비를 넘는 5가지 생각

고비는 늘 있다. 야트막한 한 시간짜리 동네 뒷산에도 고빗길이 있는데 수십 년 인생길이 어찌 평탄할 수만 있겠는가. 걸음걸음 다 힘든 능선이 이어지고 또 이어진다. 멀리서 보면 아름답기 그지없지만 막상 가자고 하면 예사롭지 않은 고빗길이 끝없이 나타난다. 그래서 인생은 고해(苦海)인가 싶지만 '똥밭에 뒹굴어도 이승'이라고 살면 다 살아지고 사는 재미도 솔솔찮다.

고빗길 넘기가 정 힘들면 좀 쉬어가도 되고 빙 돌아 숨가쁘지 않은 옆길로 천천히 가면 될 일이다. 마라톤이야 순위도 따지고 기록도 보지만 인생길은 순위가 없지 않은가.

꼭 무엇인가가 되지 않아도 사랑하고 감사하며 좋아하는 사람들과 하루하루 즐겁게 어울릴 수 있으면 족한 일이다.

공자가 거문고를 타면서 흥겹게 노래하는 영계기에게 무엇이 그리 즐거운가 하고 물었다. 영계기는 '하늘 아래 만물 중 귀하디 귀한 사람으로 태어나서 즐겁고, 남자라서 즐겁고, 햇빛도 못 보고 죽는 사람도 있는데 아흔까지 살았으니 무엇이 못마땅해 마음을 괴롭히겠느냐'고 했다. 배우고 때로 익히는 것, 벗이 멀리서 찾아오는 것, 남이 나를 알아주지 않아도 성내지 않는 군자가 된 것 등을 꼽은 공자의 인생삼락보다 더 유유자적하다.

조선 중기의 문인이며 정치가인 신흠의 인생삼락도 썩 좋다. 문 닫으면 마음에 드는 책을 읽고, 문 열면 마음에 맞는 손을 맞이하고, 문 나서면 마음에 드는 산천경계를 찾는다. 자질구레한 삶에 얽매이지 않는 자유인의 체취가 물씬 느껴지지만 절로 오는 것은 아니다. 고비를 넘고 넘어 능선에 올라야 맘껏 맛볼 수 있는 느긋함이다. 그들 역시 젊어 한때 고민하고 번민하고 분노하고 미워하고 슬퍼하면서 고빗길을 더듬은 후 일가를 이루었다. 멀리서 보기엔 평탄하게 산 것처럼 보이는 사람들도 다 나름의 열병을 앓았다. 비 온 뒤에 땅이 굳듯 지독하게 아픈 뒤에 성숙했다.

인생에는 '거저'라는 게 없다. 한 번뿐인 삶이니 치열하게 살아볼 가치가 있다. 고비를 넘고 한숨 쉬려고 하면 언제나 마주치게 되는 가장 긴요한 아슬아슬한 순간의 고빗사위. 당연히 힘들다. 하지만 '견딜 수 없는 그 고통'을 이겨내지 못하고 주저앉으면 삶에서 가장 황홀한 희열과 상쾌함을 맛볼 수 없다.

고비 바로 뒤에 잔뜩 웅크리며 숨어있는 짜릿한 쾌감. 딱 한 걸음만 더 옮기면 만날 수 있다. 반드시 이루어야 할 꿈임을 잊지 말고 열정으로, 끈기로 견디고 버티면 그렇게 어렵지도 않다. 고비는 있고 누구나 한두 번은 무너지고 넘어지지만 넘어질 때마다 다시 일어서서 넘다 보면 그 고비도 힘이 된다.

1. 이루어야 할 꿈임을 잊지 말자

강한 내면의 동기가 고비를 버티는 힘이 된다. 힘들 때마다 자신이 이루고 싶었던 꿈을 되살리며 스스로에게 힘을 주어야 한다. 꿈과 함께 했던 아름다운 추억을 떠올리고 곧 나타날 고비 뒤의 아름다운 모습을 상상하면 고통을 덜어낼 수 있다.

메이저리그 최초의 아프리카계 흑인선수 재키 로빈슨. 꿈의 힘으로 혹독한 인종차별을 이겨내고 명예의 전당에 입성했다. 백인 관중들의 야유와 욕설이 빗발쳤지만 꿈과 실력으로 극복했다. 그는 '더러워서 못 해 먹겠다'고 말하지 않았다. 백인의 무시를 관심으로 받아들였고 그것을 원동력으로 삼았다. 흑백의 장벽이 그에겐 꿈을 키우는 자산이었다.

2. 포기하지 마라

포기는 곧 끝이다. 실패는 만회하고자 하면 새로운 출발점이지만 포기는 종착역이다. 자포자기는 일을 그르칠 뿐아니라 몸과 마음까지 못쓰게 만든다. 인생은 실패할 때 끝나는 것이 아니라 포기할 때 끝난다고 하지 않던가. 포기하지 마라. 처칠이 옥스퍼드 대학 졸업식에서 한 첫마디였다. 청중들이 다음 말을 기다리자 처칠은 한 번 더 크게 말한다. 절대, 절대, 절대, 절대, 절대, 절대 포기하지 마라.

김태원은 엄청난 기대주였다. 좋은 체격에서 쭉 뻗어 나오는 150킬로미터대의 강속구. 한 해 10승은 너끈했다. 하지만 그는 경기에 나서면 제대로 공을 뿌리지 못했다. 배성서, 김동엽, 백인천 등 오는 감독마다 그에게 반했지만 결과는 항상 마찬가지였다. 주눅이 든 김태원도 야구를 포기할 생각까지 했다. 4년간 4승이니 그만둘 만도 했다. 그러나 끝내 포기하지 않고 도전하고 도전해서 입단 5년 만인 90년, 18승을 수확했고 LG를 한국시리즈 우승으로 이끌었다.

포기는 언제하든 좋지 않다. 뜻이 있는 곳에 길이 있듯 결코 포기하지 않으면 원하는 것을 잡을 수 있다.

3. 두려움을 극복하라

불안, 근심, 걱정이 많다. 한두 번 실패하고 나면 더욱 그렇다. 의사 말을 들으면 건강한 사람이 없고, 신학자의 말을 들으면 죄인 아닌 사람이 없고, 한 차원 높은 철학자의 말을 들으면 속물 아닌 사람이 없다.

모두가 스트레스지만 무시할 수 있는 데까지 무시하는 것이 정신건강에 좋다. 해 보지도 않고 안 될 것을 두려워하는 것은 심각한 낭비다. 원한다면 일단 뛰어들어야 죽이든 밥이든 얻어먹을 수 있다. 실패는 다음 역정의 훌륭한 재산이니 실패한다고 해도 나쁠 건 없다. 사실 두려움 없는 사람은 없다. 머리가 없으면 몰라도 생각하는 갈대라면 당연히 일을 시작하기 전 성패를 가늠하고 실패에 대한 부담을 잔뜩 안게 된다. 성패를 가늠하고 계획을 세우는 건 좋은 방법이지만, 실패가 무서워 물러난다면 필경 그 인생은 아무것도 되지 않는다. 실패도 없겠지만 성공 또한 없다. 두려움도 하나의 과정일 뿐이다.

야구선수는 10번에 3번만 안타를 쳐도 좋은 선수다. 적어도 7번은 실패하는 3할 타율이 타자에겐 꿈이다. 앞의 타석에서 안타를 못 쳤다고 겁내면 이번 타석에서도 안타를 치지 못한다. 지나간 실패는 금방 잊어버리고 새로운 열정으로 덤벼야 한다.

모호성 스포츠인 축구의 경우는 더하다. 실패는 당연한 명제다. 2002년 월드컵에서 브라질의 호나우두는 8골을 넣고 득점왕이 되었다. 최근 5개 월드컵에서 가장 많은 골 수다. 앞뒤의 4개 대회에선 6골이 최다였다. 20여 일간 쉬어가면서 총 7백여 분을 뛴 결과다. 축구 분야에선 톱 11에 드는 뛰어난 선수들임에도 그렇다. 경제적 효율성을 따지면 투자할 가치가 전혀 없다. 골을 넣으라고 갖다 바치는 페널티킥도 실수한다.

남아공 월드컵의 페널티킥 실패율은 무려 40퍼센트이

다. 관중의 입장에서 보면 못 넣을 리 없을 것 같은데도 15번 중 6번이나 실패했다. 너무도 쉬운 것에 대한 실패인데 그래도 그들은 여전히 그라운드를 누비며 엄청난 돈을 끌어 모으고 있다. 페널티킥에서 실수했다고 해서 축구선수의 수명이 단축되는 경우도 없고 다음에 또 실축하기도 한다. 그들이 만약 두려움을 가지고 있다면 축구스타의 길을 접어야 한다.

4. 머뭇거리지 마라

바람이 부는가 불지 않는가를 살피다가는 씨를 뿌리지 못하고 구름을 쳐다보다가는 거두지를 못한다. 머뭇거리는 것에 대한 구약성서의 교훈이다.

막상 하자고 해놓고도 망설이는 것은 좋지 않다. 일단 일을 벌이기로 했으면 빠르게 진행해야 한다. 결과는 바로 그때 결정된다. 주저하고 머뭇거리면 실패하고 망설이지 않으면 그만큼 성공의 확률은 높다. 머뭇거리는 것은 사실 자신이 없기 때문이다.

프로야구의 도루왕들을 보면 일단 도루하기로 마음먹으면 무조건 뛴다. 축구의 골잡이들도 기회를 잡으면 지체

없이 골문을 향해 공을 날린다. 잘못되면 어쩌지 하고 머뭇거리는 짧은 그 순간 때문에 도루에 실패하고 골 사냥에 실패한다. 비즈니스계도 마찬가지다.

사람의 머리는 비슷비슷하다. 시대의 흐름에 따라 아이디어가 들고 나는데 좋은 기획을 해놓고도 머뭇거리다가 다른 사람에게 선수를 빼앗기고 땅을 치는 경우가 허다하다. 좌고우면(左顧右眄)하다가 죽도 밥도 안 되는 격인데, 선택까지는 좌우를 살피는 등 신중을 기해야 하지만 선택이 끝나면 좌우를 돌아보며 시간을 끌지 말아야 한다.

우유부단은 기회를 놓치는 첩경이다. 기회는 결코 사람을 기다리지 않는다. 우리의 고민은 어떤 일을 시작했기 때문에 생기는 것이 아니다. 할까 말까 망설이는 데서 더 많이 생긴다. 이것도 아니고 저것도 아니고 하면서 오래 생각하는 것은 문제 해결에 도움이 되지 않는다. 성공하고 못 하고는 하늘에 맡기면 된다.

모든 일은 머뭇거리는 것보다 불완전할 때라도 시작하는 것이 한 걸음 앞서는 것이 된다. 논리적인 행동 철학자 러셀의 조언이다. 머뭇머뭇거리고 이리저리 왔다 갔다 하다가는 눈앞의 것마저 빠른 사람에게 뺏긴다.

윤동균 감독은 머리가 아팠지만 그래도 행복했다. 선수

들을 열심히 키운 덕에 가용 인원이 넉넉했다. 2루수, 3루수에 외야수까지 즉시 전력으로 써먹을 수 있는 선수가 한 포지션에 2~3명이나 되었다. 한두 선수가 부상을 입어도 걱정 없었다. 백업 요원이 더 잘할 수 있을 정도였으니 한 시즌을 소화하기는 누워서 떡 먹기였다.

선수들의 실력도 수준급이었다. 두산의 93년 시즌 성적이 3위. 최소한 20퍼센트의 전력을 보강했으니 2, 3위권은 보증수표고 1위까지 바라볼 수 있었다. 윤동균은 내심 페넌트레이스 1위를 자신하고 있었다. 두산은 활기차게 시즌을 시작했다. 그러나 레이스가 거듭될수록 성적은 뒷걸음질이었다. 쓸 수 있는 선수가 많았던 윤동균은 수시로 선수들을 돌렸다.

A가 안 되면 B를 기용했고 B가 안 되면 C를 밀어 넣었다. C가 못마땅하면 다시 A를 넣었다. 경기마다 선수를 바꾸다 보니 아예 주전이라는 게 없었다. 매 경기 누구를 쓸까 고민하며 무던히 애를 썼음에도 좀처럼 성적은 오르지 않았다. 양손의 떡이 문제였다. 어쩌다 실책을 저지르면 바로 덕아웃으로 불러들였다. 선수들은 불안했다. 운동장엔 서 있지만 언제 다시 빠질지 모르는 처지였다.

가시방석이었다. 실수라도 하면 큰일이라 신경을 곤두

세웠다. 화근이었다. 지나친 긴장이 플레이를 위축시켰다. 연달아 실수를 저질렀다. 시즌 시작할 때만 해도 다 괜찮아 보였는데 마음에 드는 선수가 하나도 없었다. 바꾸고 또 바꾸다 보니 규정타석을 채우는 선수가 거의 없었다. 선수들의 불만도 점점 커졌다. 모두 주전감이었는데 모두가 3분의 1밖에 뛰지 못하는 후보 선수가 되고 말았다.

윤동균은 부아가 치밀었다. 분명 1위급 실력이고 선수 기용도 다양하게 하면서 채찍질을 하는데도 성적이 나지 않으니 그럴 만도 했다. 분석해 보니 선수들의 실책이 문제였다. 수비에서의 에러는 실력보다는 집중력 부족으로 나오는 것. 경기가 끝나면 좀 더 진지하고 성실하게 플레이를 하라고 다그쳤다. 잔소리가 많아지면서 팀 분위기가 가라앉았다. 가라앉은 팀 분위기는 패전으로 이어졌고 이기는 날보다 지는 날이 더 많았다. 악순환이었다. 지는 것 보다 성실하게 경기를 하지 않은 것에 화가 난 윤동균은 전주 경기를 마친 후 체벌을 들먹이며 선수들을 마구 질타했다.

엄포성이었음에도 선수들은 민감하게 반응했다. 맞으면서까지 야구를 하고 싶지는 않다며 프로야구 초유의 집단 이탈을 하고 말았다. 시즌이 끝나가는 9월 초였다. 7위였다. 윤감독은 팀을 떠났다. 그리고 지금까지 덕아웃으로 돌아오지 못했다.

야구장에만 국한되는 이야기가 아니다. 조직을 이끄는 많은 사람들이 비슷한 잘못을 저지른다. '너 아니라도 사람은 많다'는 말이 대표적이다. 말하는 사람은 이내 잊지만 당한 사람은 두고두고 곱씹는다. 좋은 분위기, 좋은 결과를 바랄 수 없다. 지금 이 순간 가장 급한 일, 지금 이 순간 가장 중요한 사람은 언제나 하나밖에 없다. 남산에 가장 큰 소나무가 하나이듯. 경우의 수가 아무리 많아도 꼼꼼히 살피고, 앞뒤 상황을 잘 고려하면 정답은 나오게 되어 있다. 다음은 믿음과 인내로 기다리면 된다. 길이 많다고 여기 저기 기웃거리지 마라. 그래도 길은 하나다

5. 습관을 바꾸자. 오늘 하루만

나쁜 습관은 금방 몸에 밴다. 편안하기 때문이다. 그래서 바꾸자면 여간 힘들지 않고 두어 번 시도하다가 다시 익숙함으로 돌아가고 만다. 탄성의 법칙이다.

요즘 사람들의 화두인 다이어트를 보자. 수많은 보조제가 있고 방법이 나왔지만 다이어트의 요체는 덜 먹고 더 많이 운동하는 것이다. 힘들이지 않고 살을 뺄 수는 없다.

3일 만에 포기하는 경우도 있지만 일주일은 그래도 하는 편들인데 위장이 제일 먼저 반항하며 유혹한다. 머릿속 의지는 여전하지만 자신의 몸을 동원해서 자신을 공격하므로 버티기가 힘들다.

'남을 정복하는 사람은 영웅이지만 자신을 정복하는 사람은 위대한 사람'이라는 말처럼 자기 자신을 이기는 것이야말로 정말 힘들다. 이기고 지는 것을 자기 멋대로 정할 수 있고 지면 익숙함으로 돌아갈 수 있기 때문이다.

병에 걸렸을 때 우선시해야 할 일은 식습관과 생활 습관을 바꾸는 일이다. 음식으로 고치지 못하는 병은 약으로도 못 고친다는 우리 선현들의 말씀이다. 고기를 좋아했던 사람은 채소류를 주로 먹고 운동을 하지 않았던 사람은 부지런히 운동하면 병은 절로 물러난다는 설이다. 새로운 습관에 적응하자면 일주일, 한 달, 두세 달에 걸쳐 다가오는 옛 습관의 고비를 넘겨야 한다. 너무 길게 보면 숨 가쁘니 오늘 하루만 하자고 생각해보자. 방어호르몬의 효과가 3일은 간다니 하루의 목표는 쉽지 않겠는가.

하루가 모이면 한 달이 되고 1년이 된다. 참기 힘듦도 차곡차곡 쌓이는 것이어서 그만큼 힘들어지지만 단 하루라면 그래도 홀가분하고 일단 습관이 되면 탄력을 받는다.

뻘짓을 하는 사람들의 6가지 습관

선택에 정도는 없다. 좋은 선택도 하기에 따라 나쁜 결과를 낳는다. 선택을 잘못 했더라도 바로 고칠 수 있고 좋은 결과를 볼 수 있다. 같은 땅에 같은 씨를 뿌려도 수확량은 다르다. 농부의 정성이 결과를 좌우한다.

좋은 농부는 훌륭한 발육을 위해 많은 시간을 투자한다. 잡초를 뽑고, 거름을 주며 아침, 저녁으로 철저하게 관리한다. 자신이 지금 가꾸고 있는 것이 무엇인지를 알고 어떻게 가꾸어야 하는지를 안다. 나쁜 농부는 별다른 노력을 하지 않는다. 더러 하늘의 도움으로 뜻하지 않은 결과물을 가지기도 한다. 햇빛, 바람, 비 등을 관장하는 하늘이 사람보다 더 큰 영향을 끼치므로 그럴 수도 있다. 하지만 그건 어쩌다 한 번뿐인 요행이고 요행을 바라는 농부는 대부분 흉작에 그치고 만다.

좋은 농부는 풀 한 포기에도 사랑을 쏟지만 나쁜 농부는 그저 무관심이다. 관심이 없으므로 허튼 짓거리를 하게 되고 그 뻘짓은 결국 일을 허사로 만든다. 그래 놓고 이유를 딴 것에 미루기까지 하는데 모든 결과는 '남 때문'이 아니라 '자기 때문'이다.

무엇이든지 일을 할 때는 진심으로 전력투구해야 한다. 천 길 낭떠러지 위의 외나무다리를 걷는 것처럼. 한 발만 삐끗하면 큰일이 나는데 그 순간에 딴 생각을 하는 사람은 없다. 마지막 한 걸음을 남겨 놓고 떨어져도 결과는 마찬가지다. 그러나 미리부터 걱정할 일은 아니다.

한 걸음을 착실하게 떼어 놓으면 무사히 다리를 건널 수 있다. 긴장의 끈을 놓거나, 조심하지 않거나, 머뭇거리거나, 중도에 포기하거나 급하게 마음을 먹는 등의 뻘짓을 하지 않는다면 말이다.

1. 소탐대실

전국시대 진의 혜왕은 지형이 험난하기로 유명한 촉을 잡기 위해 한 꾀를 냈다. '황금 똥을 배설하는 소'를 존경하는 촉후에게 선물하고 싶은데 길이 없어 전할 길이 없다는 소문을 냈다. 욕심이 많은 촉후는 신하들의 반대에도 불구하고 오직 황금 똥을 누는 소를 가지기 위해 절벽 사이에 잔도를 설치하며 진의 사신들을 맞이했다. 그러나 그를 기다린 건 매복해 있던 진의 병사들이었고 그들은 간단하게 촉후를 사로잡았다. 주군을 잃은 촉은 속절없이 망하고 말았다.

그리스와 트로이의 10년 전쟁을 끝내게 한 '트로이의 목마'도 다르지 않다. 작지만 용감했던 트로이는 그리스 군이 만들어 놓은 아름다운 조각 목마를 성안으로 끌고 들어갔고 목마 속에 숨어 있던 그리스 병사들은 야밤에 뛰쳐나와 성문을 열었다. 트로이는 물밀듯 밀려드는 그리스 군에게 너무도 손쉽게 무너졌다.

빈대 잡으려다 초가삼간 태우는 격이다. 장자는 천하제일의 보물인 수후의 구슬로 참새를 잡는 어리석음을 경계해야 한다며, 사람의 삶은 귀한 야광주인 수후의 구슬보다 훨씬 더 귀중하다고 했다.

대부분 눈앞에 이익이 있으면 우선 잡고 본다. 당장의
유혹을 뿌리칠 철학이 없고 그 이익이 더 크고 확실해 보
이기 때문이다. 시간이 지난 뒤 다가올 성과보다 당장의
큰 이익을 좇다 보면 실수는 다반사이다.

2. 근시안

'근시안적'이라는 말은 동서고금을 통해 가장 빈번하게
사용되는 말 중의 하나다. 하루를 보면 1년을 보지 못한다
고 욕먹고, 1년을 바라보면 10년 후를 생각하지 못했다고
비난받고, 10년을 내다보면 100년짜리 기획이 아니라고
비판한다. 그럼 과연 얼마나 멀리 봐야 근시안적이 되지
않을까.

기획하는 사람은 충분히 멀리 내다봐도 비판자의 입장
에선 언제나 모자라기 때문에 정확하게 정의하기가 어렵
다. 하지만 그 일 한 가지만 고려하면 대부분 근시안적이
되고 만다. 말을 빨리 달리게 하는 비결은 좌우를 보지 못
하게 말의 얼굴 양옆에 가리개를 대면 된다. 옆이 보이지
않는 말은 그저 앞만 바라보고 뛴다. 말이야 빨리 달리는

게 목적이니까 그것으로 그만일 수 있지만 사람이 말의 좁은 시각을 가지면 되는 일이 없다.

환경이라는 것을 고려하지 않았던 시절, 갯벌을 농경지로 바꾸는 간척사업은 대단히 훌륭한 국책 사업이었다. 언론마저 대한민국의 지도가 바뀐다며 난리를 쳤다. 그러나 갯벌이 만들어진 시간이나 생산성을 생각해보면 참으로 어리석고 근시안적이었다. 강물이 굽이굽이 돌고, 하천이 이리저리 돌아 나쁘다며 그것을 곧바로 펴는 일을 한동안 했다. 쭉 뻗은 물길은 보기에도 시원했고 사람들은 이제 홍수 날 일이 없겠다며 좋아했다. 하지만 강물이 굽은 것은 다 이유가 있다. 수천, 수만 년의 경험이 녹아 자연적으로 형성된 것으로 그래야 물난리를 피할 수 있는 것이었다. 근대화 사업 한답시고 마구잡이로 몰아붙인 근시안적 행정의 대표적인 사례들이다.

근시안적인 사람은 멀리 볼 생각을 하지 않는다. 눈앞의 작은 이익에 먼저 들어오기 때문이다. 미처 생각을 못해 그러는 경우도 있겠지만 알면서도 과실을 빨리 수확하려고 그러는 경우가 더 많다. 높은 곳에 올라 멀리 보지 않으면 결국 먹을 것도 적고 필경 일을 망치고 만다. 눈앞만 보고 걷다 보면 좌우의 아름다운 풍경을 볼 수 없다.

3. 부화뇌동

17세기 네덜란드에선 튤립이 투기의 대상이었다. 때마침 발간을 시작한 신문이 연일 튤립 이야기를 쏟아냈다. 튤립의 가격이 갈수록 오르자 튤립은 일약 귀하신 몸이 되었다. 인기 있는 튤립 한 뿌리의 가격이 집 한 채 값을 호가했다. 사람들은 영문도 모른 채 튤립을 사재기하기 시작했다. 왜 그것이 그렇게 비싸야 하는 지에 대해선 알려고 하지도 않았다.

천정부지로 치솟던 튤립은 어느 날 갑자기 매기(買氣)가 뚝 끊겼다. 사람들은 저마다 튤립을 팔아치우려고 난리를 피웠고 가격은 당연히 폭락했다. 소 한 마리 값이었던 튤립이 송아지 다리 한 개 값도 되지 않았다. 뒤늦게 집을 팔아 튤립을 사며 부화뇌동했던 사람들은 하루아침에 거지가 되었다. 소위 '튤리포마니아(Tulipomania)'라는 것이다.

곽경택 감독은 영화 〈친구〉의 두 주인공으로 유오성과 정준호를 점찍었다. 곽 감독은 TV 드라마 〈왕초〉에서 50년대 정치주먹 이정재 역을 연기하는 정준호에게 깊은 인상을 받았다. 영화 속 인물이 요구하는 선 굵은 남성적 연기를 멋지게 소화할 수 있는 캐릭터였다. 정준호도 곽 감독의 제의에 긍정적이었다. 순식간에 빨려들 정도는 아니었지만 수준급이라고 판단했다. 그러나 영화 촬영이 다소 늦어지면서 문제가 생겼다. 절친한 친구 신현준을 비롯해 주변의 몇몇 지인들이 정준호의 출연을 반대하고 나섰다. 그들은 곽 감독의 이전 작품인 〈억수탕〉과 〈닥터K〉가 흥행에 실패한 점을 들었다. 한 친구는 작품성도 별로였다며 말렸다.

그러던 차에 또 다른 제의가 들어왔다. 소방관들의 이야기를 다룬 〈싸이렌〉이었다. 구미를 당기는 시나리오였다. 이미 그 영화에 출연하기로 한 신현준도 거들었다. 같이 출연해 좋은 영화를 찍자고 했다. 시나리오도 마음에 드는데다 함께 어울릴 수 있는 망외의 기쁨까지 있었다. 덥석 물었다.

〈싸이렌〉이 먼저 개봉되었다. 이듬 해 〈친구〉도 개봉되었다. 장동건이 정준호가 맡기로 했던 동수역을 연기했다. 〈친구〉는 공전의 히트를 기록했다. 820만 명의 관객을 동원했다. 역대 최다 관객 동원 기록이었다. 〈싸이렌〉은 참패 했다. 〈싸이렌〉에 관객이 많이 들지 않았을 때만 해도 정준호의 속은 그리 쓰리지는 않았다. 아쉬움이 있었지만 그럴 수도 있지 하면서 자위했다. 그러나 〈친구〉의 대박을 보자 속이 뒤집혔다. 배가 고픈 건 참을 수 있지만 배가 아픈 건 참을 수 없는 법이니 왜 안 그렇겠는가.

조급하게 결단한 자신이 한없이 미웠다. 알지도 못하면서 잘못된 선택을 하게끔 옆에서 속삭거린 사람들은 더 미웠다. 하지만 어쩌랴 이미 엎질러진 물인 걸. 언젠가 정준호와 신현준이 TV 토크쇼에 함께 출연해 밝힌 내용이다.

나의 슬픔을 등에 지고 가는 사람. 인디언들이 생각하는 친구의 의미이다. 눈물이 날 만큼 아름답다. 친구를 보면 그 사람을 알 수 있듯 친구는 또 하나의 나이다.

어느 날 석가가 제자들과 함께 길을 걷고 있었다. 석가는 한 제자에겐 생선을 묶었던 새끼줄을 잡게 하고 다른 제자에겐 향을 쌌던 주머니를 잡게 했다. 그리곤 냄새를 맡게 했다. 생선 줄을 잡은 손에선 비린내가 나고 향주머니를 잡은 손에선 향내가 났다.

"나쁜 친구와 어울리면 언젠가는 나쁜 인간이 되고, 좋은 친구와 어울리면 감화를 받아 선한 사람이 된다."

석가의 말이 아니더라도 참된 친구와 어울리는 것은 참 어려운 일이다. 무리 지어 다니며 웃고 떠들어대지만 평소엔 잘 알아볼 수 없기 때문이다. 오죽하면 필리핀 사람들이 참된 친구를 만나는 것보다는 바다가 마르는 것을 기다리는 게 더 쉽다고 했겠는가.

　노후를 대비해 젊었을 때부터 꼭 저금해야 할 세 가지가 있다. 돈, 친구, 취미다. 나이가 들면 학력이나 인물은 대부분 다 그게 그거다. 하지만 돈은 평준화가 안 된다. 친구는 옛 친구가 좋다. 흉금을 털어놓을 옛 친구가 없으면 돈이 아무리 많아도 쓸쓸하다. 새로운 친구는 기쁨은 같이 할 수 있지만 아픔은 같이 하지 않는다.

　친구는 그렇게 참 소중하지만 좋은 친구도 있고, 그저 그런 친구도 있고, 질투하거나 미워하는 친구도 있는 것이어서 언제 어느 때나 허허거리며 휩쓸려 다녀선 안 되는 일이다. 특히 호기만발한 젊은 시절에는.

　부화뇌동은 낭패의 다른 말이기도 하다. 주식 바람이 불면 주식을 하고 부동산이 좋다고 하면 부동산으로 몰리고, 어쩌다 TV 등 언론에서 뭐가 좋거나 나쁘다고 하면 온 나라가 휩쓸려 다닌다. 사촌이 땅을 사면 배가 아파서 따라하고 이웃이 기러기가 되면 나도 기러기가 되어야 한다. 자신의 능력이나 상황이 다름은 전혀 문제로 삼지 않는다. 가랑이가 찢어지는 한이 있더라도 남이 하면 일단 하고 보는데 실제로 가랑이가 찢어진다. 땅 덩어리가 좁아 소문이 빨리 퍼져서인가 늘 냄비 죽 끓듯 한다.

누군가 뭔가에 대해서 재미를 보았다면 그 사람은 나름대로 전문적인 지식을 축적한 후 과실을 딴 것이지만 부화뇌동형은 경과를 보지 않는다. 결과만 보고 그가 하면 나도 할 수 있다고 덤비고 아마추어들끼리 서로 어울려 수렁 속으로 빠져 들어간다.

신드롬, 열풍, 묻지마 등이 유행어처럼 번지는 이유인데 대박을 꿈꾸다가 쪽박을 차고 상투를 잡고 막차를 탄다. 다른 사람의 생각에 휩쓸리지 않고 본질을 직시하는 것이 부화뇌동하지 않는 비결이지만 대부분 다른 사람의 생각이 옳은 것 같으면 어느새 자기의 생각으로 둔갑시켜 일단 뛰어들고 보니 어찌 좋은 결과를 바랄 수 있겠는가. 따라다니기만 하면 결코 앞설 수 없다.

4. 중도 포기

'그때 조금만 더 할 걸.'

포기한 사람들이 늘 하는 말이다. 이미 실패한 뒤니 후회한들 소용없다. 그러나 이런 사람들은 다음에 또 포기하기 쉽다. 한 번도 성공을 못해봤기에 성취감이라는 걸 모르기 때문이다.

마음먹은 일이라도 끝까지 하기란 물론 쉬운 일이 아니다. 크든 작든 고비는 있는 것이건만 조금만 힘들어도 포기하고 만다. 꼭 하고 싶은 일이 아니었다든가, 이렇게 해서 성공하면 또 뭐할 것인가, 이 시간에 다른 걸 새로 시작하는 것이 낫겠다 등 포기해도 좋을 만한 이유를 스스로 만들면서 말이다. 이런 사람들을 위해 해리엇 비처 스토우가 한 말이 있다.

힘겨운 상황에 처하고 모든 게 장애로 느껴질 때, 단 1분도 버틸 수 없다고 느껴질 때, 그때야말로 포기해서는 안 된다. 바로 그런 시점과 위치에서부터 상황은 바뀌기 시작한다.

처칠은 육사시험에 두 번 떨어졌다. 그때 포기했다면 강한 영국을 이끌고 노벨문학상을 받은 처칠은 없었을 것이다. 하는 일마다 실패한 링컨이 다만 미끄러졌을 뿐이라며 계속 외길을 가지 않았다면 대통령 링컨은 없었을 것이다. 징기스칸이 칼에 찔리고 죽음에 직면할 때마다 숨 쉴 수 있는 한 절대 포기하지 않겠다고 외치지 않았다면 세계를 정복한 징기스칸은 없었을 것이다. 세상의 모든 잘난 사람들은 그렇게 대부분 포기라는 걸 모른다. 보통 사람들도 뜻이 강하면 잘 포기하지 않는다.

사실 포기하면 편하다. 때문에 많은 사람들이 실패를 맛보거나 실패할 듯 싶으면 포기한다. 편하긴 하지만 대신 얻는 것도 없다. 한 만큼 이익이라고도 하고 다음을 위해 체력 등을 비축한다지만 핑계일 뿐이다. 가다가 가지 않으면 아니 감만 못하다. 포기도 자주 하면 습관성이 된다. 포기하지 않으면 좋지 않은 선택도 좋은 선택이 될 수 있다.

이기우는 9급 공무원에서 출발해 차관을 했고 대학총장까지 했다. 그의 앞에는 늘 '고졸 9급 신화의 주인공'이라는 수식어가 따라 다녔다. 성공한 공무원의 모델케이스로 회자되었으나 그의 출발은 잘못된 선택이었다.

그는 고교 졸업 후의 첫 대입 시험에서 떨어졌다. 가정 형편상 재수가 만만찮았다. 돈을 벌기위해 공무원 시험을 봤다. 공무원이 목표가 아니었다. 대학에 가기 위한 방편이었다. 제 힘으로 돈을 벌어 다시 대입 시험을 보기 위해서였다. 일은 뒷전이었다. 낮에는 공무원 일을 대충하고 밤이 되면 자기 공부를 열심히 했다. 어영부영하는 젊은 뺀질이는 자연 상사들의 눈 밖에 났다.

어느 날 출근했더니 자리가 없어졌다. 큰일이었다. 그만 두더라도 그건 아니었다. 뺀질이라고 소문나는 것도 싫었다. 용서를 구했다. 3개월여간 먹지로 글 베끼는 일만 시켰다. 죽을 맛이었지만 군소리 없이 했다. 지은 죄도 있었지만 '괜찮은 친구'라는 평가를 받고 싶었다. 대학은 일단 제쳐 놓았다. 낮의 일에만 몰두했다. 일도 할 만했고 인정도 받았다. 생각도 바뀌었다. 굳이 대학에 들어갈 이유가 없다고 생각했다. 학벌이 문제되지 않는 공무원이 좋아졌다. 능력을 우선 보는 곳, 열심히 해서 최고가 되자고 마음먹었다.

생각이 바뀌자 많은 것이 달라졌다. 업무를 대하는 태도, 업무를 진행하는 태도, 민원인을 대하는 태도, 업무에 대한 의식 등이 철저해졌다. 스스로 행동 지침을 마련했다. 진실, 성실, 절실의 '삼실'. 그것이 9급에서 차관까지 총 10단계를 오른 비결이었다.

그러나 그것만이 전부는 아니다. 틈만 나면 책을 보고 공부했다. 자리가 오를수록 더 많은 공부를 했다. 업무 처리를 위한 전문적인 지식은 당연했고 인간관계에 필요한 유머까지 따로 머리에 넣어 둘 정도였다.

그는 늘 새롭고 재미있는 이야깃거리를 한 보따리씩 가지고 다녔다. 분위기를 부드럽게 하는 데는 그만이었다. 고위공직자였으니 그가 굳이 분위기를 좋게 해야 할 필요는 없었지만 그는 '국민을 모시는 일'이라며 몸 낮추기를 한시도 잊지 않았다. 그의 몸 낮추기는 교육부차관을 끝으로 40여 년 공직에서 물러난 후 옮긴 재능대학에서도 계속되고 있다.

5. 조급증

국화는 3월에 벌써 초록 잎을 매단다. 매화나 철쭉보다 늦지 않다. 5월 장미나 모란보다 빠르다. 여름 능소화는 그땐 기척도 없다. 곧 꽃을 피우려니 기다려도 잎만 매단 채 감감 무소식이다.

매화는 이미 열매를 달았고 능소화도 장마비에 꽃을 다 떨어뜨렸어도 국화는 그대로다. 이놈은 그냥 풀이겠거니 하고 잊고 있으면 그때 꽃을 피운다. 9월을 넘기고 10월이 되어서야 홀로 뜨락을 거닌다. 서정주 시인이 노래한 그대로다.

한 송이 국화꽃을 피우기 위해
봄부터 소쩍새는 그렇게 울었나 보다
한 송이 국화꽃을 피우기 위해
천둥은 먹구름 속에서 또 그렇게 울었나 보다

서릿발이 심한 추위 속이라 더욱 돋보인다. 기다리다 보면 꽃 피울 것을, 국화를 믿지 않고 혹시 영양이 부족한가 싶어 물을 자주 주면 죽고, 그냥 풀인가 싶어 냅다 뽑아버리면 '인제는 돌아와 거울 앞에 선 내 누님 같은 꽃'을 보지 못한다.

조급증은 일종의 병이다. 일을 망치는 것은 기본이고 몸과 마음까지 멍들게 한다. 우물가에선 숭늉을 먹을 수 없다. 물을 떠서 밥을 지어야 하고 밥을 퍼낸 후 눌은 밥에 다시 물을 부어 그것이 끓어야 숭늉이 만들어진다. 아주 작은 일도 그렇게 단계를 밟아야 하는 것이고 일을 하면서 기다려야 한다.

기다림도 중요한 과정인데 성적을 내기 위해 너무 서두르는 게 병폐다. 급하다고 한두 개의 과정을 생략하면 빨리는 될지 몰라도 부실로 이어진다. 성수대교가 그렇고 삼풍아파트가 그렇고 준공하자마자 보수공사에 들어가는 수많은 고속도로가 그렇다.

새가 울지 않는다고 죽여버린 오다 노부나가, 울게끔 노력하지만 그래도 울지 않으면 베는 도요토미 히데요시, 새가 울 때까지 기다린 도쿠가와 이에야스. 최종 승자는 차분히 기다린 도쿠가와 이에야스였다. 빨리빨리와 조급증은 다르다.

　빨리빨리는 서둘러서 일을 하는 것이지만 조급증은 침착함을 잃고 안달복달하며 턱없이 서두르는 것이다. 급하다고 열 걸음을 한 번에 내딛을 수 없는 것이고 불안, 초조 속에서 급히 갈수록 오히려 더 늦는다. 기다림, 느림의 미학을 즐기는 여유가 필요하다.

6. 형세착오

　우리는 흔히 보고 싶은 것만 본다. 인간은 누구나 자기 중심적이라서 심하게 나무랄 일도 아니다. 하지만 국가적 사안에서 보고 싶은 것만 보고 형세를 잘못 읽으면 엄청난 불행을 자초한다.

　일본을 통일한 도요토미 히데요시는 조선 정벌의 음모를 꾸미고 있었다. 그는 대마도주에게 자신의 뜻을 밝히고 준비하도록 했다. 놀란 대마도주는 조선에 통신사 파견을 요청했다. 도요토미 히데요시의 그릇된 야욕을 막기 위한 우회전략이었다. 그는 조선 통신사가 일본의 상황을 파악할 것으로 예상했다. 그러나 우여곡절 끝에 파견된 통신사의 판단은 엇갈렸다. 정사인 황윤길은 왜가 반드시 침략할 것이라고 했으나 부사인 김성일은 그런 기미를 전혀 발견하지 못했다고 보고했다.

그에 따라 조정의 의견도 엇갈렸다. 동인과 서인의 패싸움이 되다시피 했고 결국은 당시 득세하고 있던 동인 측 김성일의 판단을 채택했다. 김성일이나 조정 모두 전쟁을 두려워하면서 보고 싶은 것만 본 결과였다. 그들의 왜곡된 판단으로 조선은 왜의 말발굽에 유린당했다. 팔은 안으로 굽는다. 객관적인 판단이 당연히 어렵다. 그래서 형세를 잘못 읽게 된다.

프로복싱이 한창 인기 있던 시절 세계타이틀전이 열리면 라디오는 열을 올렸다. TV중계를 보기 힘들었던 그 때는 라디오가 소식을 제대로 알 수 있는 유일한 무기였다. '고국에 계신 동포 여러분'으로 시작된 중계를 들으며 청취자들은 대부분 우리 선수가 이겼다고 판단했다. 아나운서가 시종 우리 선수가 쉴 새 없이 주먹을 날린 것으로 떠들었으니 당연한 것이었다. 하지만 결과는 우리 선수의 패배였다.

아나운서는 심판의 불공정을 들먹였고 청취자들도 그 의견에 전적으로 동의했다. 신문들도 우리 선수의 억울한 패배를 대서특필했다. 하지만 그날의 시합은 우리 선수의 완패였다. 아나운서의 중계가 주먹보다 느리게 되자 주로 우리 선수의 주먹만을 중계했다. '애국적 아나운서'는 자신의 형세착오 실수를 그렇게 위장했다.

눈의 착각, 귀의 착각, 마음의 착각을 바로 잡을 수 있는 것은 객관적인 잣대를 가지는 것이다. 정확하게 판세를 읽을 수 있는 객관적인 잣대로 일을 추진해야 목적한 바를 이룰 수 있다.

#3

스포츠, 인생의 축소판

○

세 여인의 눈물

울고 있다. 눈물의 의미는 다르지만 모두 운다. 왜 우는
가. 왜 웃어야 할 때 우는 것일까.

　　우러라 우러라 새여

　　자고 니러 우러라 새여.

　　널라와 시름한 나도

　　자고 니러 우니로라.

청산별곡에서 읊조린 것처럼 우리네 눈물 속엔 단지 웃
음만으론 결코 풀 수 없는 수많은 시간들이 켜켜이 쌓여

있다. 웃음과는 차원이 다른 그 무엇.

3명의 여궁사 김수녕, 이은경, 조윤정이 바르셀로나 올림픽에 나섰다. 세계연맹이 경기 룰을 바꾸며 견제를 했으나 대한민국 여궁사들의 길을 막지 못했다. 오픈라운드에서 1~3위를 석권하며 금메달을 정조준했다.

경기 때마다 한 명씩 탈락하는 토너먼트제. 통합성적제가 아니어서 의외의 변수가 속출할 수 있었고 결과 역시 그랬다. 대회가 끝나고 서로가 나누어 가진 성적표를 들고 그들은 모두 눈물을 흘렸다.

얼굴을 가리고 울기도 했고 뒤돌아서서 울기도 했으며, 아무도 없는 텅 빈 곳에서 펑펑 눈물을 쏟아내기도 했다. 눈물을 흘리는 모양이 다르듯 그들 울음의 의미도 달랐다. 누구는 기쁨이었고 누구는 억울함이었고 또 누구는 아쉬움이었다.

올림픽 전 순위는 김수녕, 이은경, 조윤정이었다. 여고생으로 서울올림픽 금메달을 차지한 김수녕은 이후 4년간 국제무대를 호령했다. 이은경은 김수녕을 위협하는 강력한 도전자였다. 떠오르는 신흥 강자였다. 조윤정은 컴백에 성공했지만 기대치는 적었다. 평소 실력은 아무래도 한 수 아래였다.

예선전 통과 성적은 조윤정, 김수녕, 이은경이었다. 평소의 역순이었지만 눈여겨볼 필요는 없었다. 차이가 없었고 승부는 그때부터였다. 개인 결승전은 조윤정과 김수녕의 대결이었다. 이은경은 불의의 일격을 당해 16강전에서 탈락했다.

  일약 정상에 오른 조윤정. 그가 흘린 눈물은 당연히 기쁨의 눈물이었다. 소외되고 뒤떨어졌던 것을 단숨에 만회한 환희의 눈물이었으나 그리 간단한 것만은 아니었다. 단체전 금메달을 포함, 2개의 금메달을 목에 건 조윤정은 길고 긴 서러움의 세월을 보냈다.

  그 역시 고교 돌풍의 주역이었다. 단발머리 여고 1년 때 혜성처럼 떠올랐으나 갑작스러운 등장만큼 갑자기 사라졌다. 그에게 주어진 대표생활은 불과 7개월여. 42파운드의 강궁이 어깨에 무리를 주어 기록 향상이 없었다. 곧 다시 돌아가야지 했으나 실의와 부끄러움 속에 보낸 그 세월이 6년이나 이어졌다.

  화려했던 고1, 쓸쓸했던 고교 2년을 보내고 한국체육대학에 진학했다. 대한민국 여자 양궁의 역사인 김진호가 그를 지켜본 후 39파운드의 양궁을 권했다. 3파운드 차이로 새로운 감을 잡았다. 어깨를 짓누르던 통증이 없어지고 기록이 오르기 시작했다.

그러나 넘어야 할 산이 한둘이 아니었다. 그가 수면 아래 잠겨있을 때 양궁계는 어느새 새로운 얼굴들로 가득 차 있었다. 세계 제1의 김수녕이 있었고 이은경이 턱밑에 도사리고 있었다. 이장미 등 4~5명의 신진들도 벅찬 상대였다. 그 와중에 아버지마저 돌아가셨다. 아버지는 힘들 때마다 길을 터준 스승이었으나 끝내 병마를 털어내지 못했다. 아버지의 유언만 아니었으면 활을 놓았을지도 모를 일이었다. 가슴에 검은 리본을 달고 출전한 국가대표 선발전에서 조윤정은 6년여 만에 태극마크를 달았다. 3위였다.

겨우 턱걸이해서 나선 올림픽. 그런 그이기에 개인전을 포함한 두 개의 금메달을 단지 웃음으로만 표현할 순 없었다. 10여 년이 순식간에 스쳐 지나갔다. 처음 활을 잡았을 때, 국가대표 탈락과 시련의 시간들, 아버지의 죽음, 후배들에게 치인 순간들, 실패와 실패로 이어진 좌절감 , 다시 일어섰을 때의 환희 등. 서러움과 기쁨이 함께 녹아있는 그의 눈물 속에는 한마디로 설명할 수 없는 그 수많은 사연이 방울방울 담겨져 있었다.

김수녕의 눈물에는 당연한 것을 얻지 못한 억울함과 분함이 함축되어 있었다. 서울올림픽에서 금메달을 따낸 10

대 소녀. 은메달 바로 전까지 4년간 무적시대를 지냈다. 한 개의 화살이 금과녁에 꽂힐 때마다 그의 명성은 드높아졌다. 명궁 호칭이 신궁 호칭으로 바뀌었고 숱한 세계신기록을 작성했다.

거칠 것 없는 정상의 행진. 김수녕의 유일한 적은 김수녕 자신 뿐이었다. 그 누구도 의심하지 않았듯 그 역시 금메달을 확신했다. 비록 세상살이 선배이긴 하지만 대적감이 아니었던 선수에게 당한 일격. 이기지 못한 것이 문제가 아니라 자신이 저지른 작은 실수가 가슴 아파 못내 눈물을 떨구었다.

이은경은 복받치는 서러움에 눈물을 흘렸다. 메달은커녕 일찌감치 탈락한 참담함은 잊으려 할수록 더욱 새록새록 떠올랐다. 평소 실력을 발휘하고 져도 아쉬운데 최근 몇 년 중 가장 못한 기록을 내면서 떨어진 것이어서 창피하기도 하고 스스로가 밉기도 했다. 수근대며 쳐다보는 그 눈길도 못마땅했다. 감정을 누르고 또 억눌러도 울음이 절로 터져 나왔다.

단 몇 분의 실수로 날려버린 천 일의 노력들. 그저 눈물 짓는 것만으론 속이 풀리지 않을 터. 넋 놓고 펑펑 우는 게 맞다. 과연 누구라서 울음의 의미를 알겠는가.

○

배려와 독불의 차이

100년 역사의 메이저리그엔 몇 가지 불문율이 있다. 플레이어의 자세에 대한 것으로 20여 가지나 되는데 어기면 빈볼 등 바로 현장 보복에 들어간다.

'상대에게 모욕적인 언행을 하지 말 것.'

'큰 점수 차로 이기고 있을 땐 도루를 삼갈 것.'

'홈런을 친 후 너무 좋아하거나 베이스를 너무 천천히 돌지 말 것.'

'노히트노런같은 대기록을 눈앞에 두고 있을 땐 기습 번트를 대지 말 것.'

'슈퍼스타는 반드시 보호할 것.'

이승엽의 홈런 신기록 레이스가 순풍에 돛단 듯하다. 물 흐르듯 부드러운 스윙, 강한 임팩트, 정확한 눈 등 기술적인 면이 상승의 경지다. 하지만 이승엽 홈런 순풍의 또 다른 이유는 상대를 배려하는 점잖음이다.

이승엽은 홈런을 친 후 기쁨을 가능한 한 자제한다. 어차피 공은 담장 밖으로 넘어간 것이고 홈팬들이 좋아하니 그에 맞춰 가볍게 몸짓을 한 후 비교적 빨리 베이스를 돈다. 홈런을 맞고 실의에 빠진 투수를 자극하지 않기 위해서이다. 1세대 홈런왕인 이만수와는 비교가 되지 않는 간결함과 빠름이다.

이만수는 정말 요란하게 홈런 세리머니를 한다. 박수를 치고 만세를 부르며 관중석을 향해 손 키스를 보낸다. 만세삼창이 아니라 만세십창을 한 적도 있다. 한두 번 홈런 치는 것도 아니면서 그렇게 난리법석이다. 자연 베이스 도는 것도 늦을 수밖에 없다. 이승엽에 비해 20초는 족히 더 걸린다.

홈런 소감을 물으면 이승엽은 '실투인 것 같다. 투수가 피하지 않고 좋은 승부를 해준 덕분에 칠 수 있었다'며 고맙다는 말을 달고 다닌다. 이만수는 '노리고 쳤다' '그 공을 던질 줄 알았다' '맞는 순간 홈런인 줄 알았다'는 등 자신의 기쁨만 표현하며 상대의 기분을 전혀 고려하지 않았다.

홈런 후의 배려와 독불의 차이는 몸에 맞는 공으로 이어졌다.

이만수는 투수들의 표적이 되었다. 보통 홈런을 친 후의 다음 타석에선 몸을 사리는 법이지만 이만수는 그런 것도 없었다. 또 홈런을 칠 거라고 홈플레이트에 바짝 다가서서 타격 자세를 잡는다. 그런 이만수를 무자비한 공으로 맞추는 건 그야말로 식은 죽 먹기였다.

150개의 홈런을 치는 동안 이만수는 72번이나 몸에 공을 맞았다. 누가 봐도 표시 나는 표적 데드볼이 꽤나 많았다. 이승엽은 150홈런에 몸에 맞는 공은 28번이었다. 홈런 다음 타석에 맞은 표적성 몸에 맞는 공은 몇 개 되지 않았다. 대부분 실투였다.

상대의 아픔까지도 생각할 줄 아는 마음은 그래서 어디에서나 꼭 필요하다.

○
징크스는 없다

저주받은 등번호가 있다. 될성부른 떡잎인데도 그 번호
만 달면 무너졌다. 처음 한두 번이야 우연이려니 했다. 까
닭 모를 불운의 연속, 횟수가 많아지자 아무도 그 번호를
달려고 하지 않았다. 프로야구 한화의 31번과 인천의 18번.
10여 년간 저주가 따라 다녔다.

한화의 등번호 31번은 이척기, 김홍명, 김성열, 박은진,
강봉수, 마이크 부시로 그 누구도 이렇다 할 성적을 내지
못했다. 이척기, 김성열 등은 기본 실력이 떨어지는 편이
었으니 그렇다고 쳐도 박은진 등은 기대주였다. 박은진은
태평양에서 한 시즌 10승을 올리기도 했던 유망 영입선수.

그러나 한화의 31번 유니폼을 입고선 달랑 한 게임 뛰고 선수 생활을 마감했다. 97시즌 이적한 LG의 럭키보이 강봉수는 2군에만 있다가 사라졌다. 실력이 충분히 검증된 외국인 선수 마이크 부시도 부진의 늪을 헤매다 1년 만에 코리안 드림을 접었다.

인천팀 18번의 주인공은 천성호, 오영일, 이상구, 노민성. 대단한 실력자들은 아니었으나 한 가닥 기대를 걸었다. 하지만 4명의 투수가 6년간 등번호를 이어받으며 마운드에 올랐으나 단 1승도 거두지 못했다.

'달면 옷 벗는다'는 저주의 등번호는 그래서 오랫동안 창고에 박혀 있었다.

잊혀진 등번호에 먼저 도전한 선수는 위재영. 인하대 시절 달았던 번호라며 18번을 고집했다. 번호에 얽힌 숨은 이야기를 해주었으나 개의치 않았다. 한화에선 역시 인하대를 졸업한 황우구가 31번에 도전했다. 뒤늦게 아픈 사연을 떠올린 구단 관계자가 유망 신인의 앞날이 걱정스러워 다른 번호를 추천했으나 좋아하는 번호임을 상기시켜 머뭇거림 없이 선택했다.

관심 속에 출발한 18번과 31번.

18번 위재영은 거물 신인다운 걸음걸이를 했다. 4월에 이미 3승을 올리며 첫해 13승을 기록했다. 2년차 징크스가 있다는 그 이듬해에도 발군의 실력을 보이며 4년간 43승을 작성했다. 그에게 등번호는 아무 문제가 없었다.

31번 황우구는 한화의 '영원한 구멍'이었던 유격수 자리를 훌륭하게 메웠다. 전 같으면 기대할 수 없었던 7게임 무실책 경기를 하며 한화 비상의 핵으로 떠올랐다.

저주받은 등번호는 원래 없다. 약한 실력, 약한 마음이 만들어 내는 변명일 뿐이었다. 힘을 키우고 두려워하지 않으면, 징크스가 물러날 때까지 계속 시도하고 도전하면 징크스는 없다.

o

요령과 행운

"두 가지 방법이 있습니다. 한 가지는 상대방보다 점수를 적게 주는 것이고 다른 한 가지는 점수를 1점 더 내는 것입니다."

삼척동자도 아는 게임의 원칙. 일본 프로야구를 주름잡았던 장훈 씨의 승리방정식에 귀를 쫑긋 세우고 있던 국내 프로야구 관계자는 그만 실소를 터뜨리고 말았다. 누가 그걸 모르느냐는 반응이었지만 장훈 씨가 말한 승리 비결에는 많은 내용이 숨어있었다.

점수를 주지 않으려면 일단 투수가 안타를 맞지 않아야 한다. 그러나 안타를 맞는다고 다 점수가 되는 것은 아니다. 집중타냐, 산발타냐에 따라 상황은 사뭇 달라진다. 6명의 타자가 4안타를 치고 볼넷 2개를 얻었다고 해도 경우에 따라 0점에서 6점 정도까지 6~7개의 상황이 발생한다. 2연속 볼넷 후 연속 4안타면 최소 4점이다. 하지만 1점도 못내는 경우도 적지 않다. 안타나 홈런에 영양가를 따지는 이유이기도 하다.

한화 이상군은 14안타를 맞고도 승장이 되었다. 현대 박정현 등 몇 명의 투수는 10안타 완봉승을 작성했다. 83년 일대 돌풍을 일으킨 장명부는 9회 평균 8안타를 맞고도 30승을 올렸다. 안타나 삼진이 승리의 절대요인은 아니다.

"2사후에 안타 1~2개쯤은 문제 될 게 없습니다. 선두타자에겐 전력을 다하지만 2사후 주자가 없다면 80퍼센트 정도의 힘이면 되죠. 3할 타자나 1할 타자나 똑같이 상대하면 안 됩니다. 금방 지치게 되니 힘 조절이 필요한 거죠."

'요령투구'는 장명부의 30승 비결 중 하나였다.

선동열의 일본 주니치 시절의 실화.

3 대 1 상황에서 8회 구원 등판했다. 선동열은 그날 홈런을 포함, 2안타를 맞았고 볼넷도 2개나 주었다. 볼넷, 안타, 홈런으로 이어졌으면 역전패의 멍에를 짊어졌을 터. 볼넷 후 홈런이었다면 동점으로 일단 구원 실패. 그러나

선동열은 9회 솔로 홈런을 맞은 후 안타와 볼넷을 허용했지만 두 타자를 연속 삼진으로 잡으며 1점차로 경기를 마무리, 홈팬들의 기립박수를 받았다.

박찬호의 다저스 시절의 일화.

선발로 출장해 6회 2사까지 9안타를 맞았다. 3회에는 연속 안타를 내주는 등 고전을 면치 못했다. 그러나 박찬호는 1점 밖에 내주지 않으며 승장이 되었다.

야구는 '그래서 모르는 것'이라고들 하지만 아주 모를 것은 아니다. 위기 대처 능력의 차이이고 집중력의 차이며 그것이 곧 실력이다. 상대를 옥박지를 수 있는 힘이 기본이지만 힘을 조절하는 요령이 없으면 그 힘도 그다지 믿을 게 못된다. 나그네의 옷을 벗기는 건 돌풍이 아니라 뜨거운 햇볕이다.

○

고졸 두 프로의 홈런 역사

야구에 빠져 보낸 고교 3년. 막상 졸업했지만 갈 곳이 없었다. 이 대학 저 대학 기웃거렸으나 모두 문전박대였다. 포기할까도 했으나 그나마 제대로 할 수 있는 건 야구밖에 없었다. 마지막으로 프로야구 빙그레 이글스를 찾았다. 연봉 3백만 원의 연습생도 감지덕지였다. 18세 장종훈은 그렇게 비참하게 프로에 입문했다.

대학에 들어가지 못한 것은 그다지 신경 쓸 일이 아니었다. 부모와 대학 측의 권고 때문에 마지못해 대학행을 결정했지만 프로무대로 직행하고 싶었다. 수능이라는 고비가 오히려 반가웠다. 삼성과 궁합이 맞았다. 그러나 입단과 함께 찾아온 왼쪽 팔꿈치 부상. 고교시절 잘나가는 투수였지만 프로마운드가 그를 외면했다. 이승엽은 그렇게 투수가 아니라 타자로 프로를 시작했다.

장종훈은 연습할 시간이 많지 않았다. 선배들의 뒷바라지를 해야 했고 훈련 끝난 선배들의 장비까지 다 치운 후 방망이를 잡았다. 어둠이 내려앉는 텅 빈 그라운드였으나 마냥 즐거웠다. 방망이를 휘두르고 또 휘둘렀다. 손에 피가 나면 붕대를 감고 계속 했다. 방망이질 천 번을 하고 나서야 하루를 끝냈다.

이승엽에게 그쯤은 시련도 아니었다. 그래서 머뭇거리지 않고 바로 방망이를 잡았다. 고교시절 타격에서도 솜씨를 보였고 백인천 감독은 방망이가 더 잘 맞을지도 모른다고 했다.

장종훈은 시련의 세월을 달게 보냈다. 언제가 될지 모르는 그의 시간. 한시도 한눈 팔지 않고 늘 준비하며 그 시간이 오기를 기다렸다. 고교 땐 맛보지 못했던 홈런포가 줄줄이 터졌다. 대학 간 동기들이 프로 초년병일 때 이미 최연소 100홈런, 한 시즌 최다 홈런, 2년 연속 시즌 MVP를 기록했다.

이승엽은 마치 준비된 타자처럼 홈런 레이스를 펼쳤다.

그 역시 고교 땐 홈런이 흔치 않았다. 그러나 프로 3년째가 되었을 때 모아 두었던 힘이 터지기 시작했다. 30홈런 벽을 가볍게 통과하며 시즌 MVP에 올랐다. 한 시즌 최다 홈런, 역대 최다 홈런도 그의 몫이었다.

포기하지 않아서 이룬 고졸 두 프로의 홈런 역사. 그들을 보면 결코 간단치 않은 인생의 길이 보인다.

떠날 때를 안다는 것

발목이 겹질렸다. 걷는 것조차 힘들었다. 팀닥터와 감독이 말렸다. 그러나 그는 달랐다. 강인한 정신력이면 못할 것 없다고 생각했다. 때때로 나타나는 부상의 고비를 그렇게 넘기며 칼 립켄 주니어(메이저리그 볼티모어)는 16년여 한결같은 모습으로 2,632경기에 연속 출장했다.

1995년 9월, 56년간 처녀지로 남아있던 루 게릭의 기록(2,130)을 역사 속에 묻고도 그의 불같은 의지는 식을 줄 몰랐다. 하지만 그는 새로운 시즌을 맞이하면서 그 의지에 대해 다시 한 번 생각하게 되었다. 과연 계속 뛰어야 할 것인가. 나 때문에 손해 보는 동료는 없는가.

연속출장기록을 그만 내려놓는 게 맞다는 판단이었지만 그래도 욕심 버리기가 쉽지 않았다. 팀 관계자들도 거들고 나섰다. 더 뛸 수 있고 뛰어야 한다고 했다. 팀의 어린 선수들도 그를 보며 나태해지려는 마음을 다잡는다고 했다. 감독은 조금 다른 생각을 하는 것처럼 보였다. 말은 않지만 그의 철인 타이틀 때문에 많은 걸 잃고 있다고 여기는 것 같았다. 사실 그렇지는 않지만 지레 짐작이 그랬다. 하긴 옛날의 그 자신이 아니었다.

한땐 건드리면 안타고 홈런이었으며 수비도 철벽이었다. 선발 출장은 기본이었고 팀 공헌도도 높았다. 하지만 지금은 아니었다. 매일 나가기는 하지만 성적을 생각하면 답답했다. 눈치 없이 구차하게 연명하고 있다고 판단했다. 조금 더 가다간 등 떠밀려 '강제 은퇴'를 받아들여야 할지도 모를 일이었다.

힘이 있을 때 그만 내려오자. 서너 달 더 뛰면 2,700경기를 맞출 수 있고 몸 상태로 보면 못할 것도 없었다. 그러나 그 역시 미련이었다. 그만두면 그냥 확 그만두는 것이지 따로 시간을 정할 필요는 없지 않은가. 칼 립켄 주니어는 누가 말릴 새도 없이 그 스스로 기록의 시계를 세웠다. 아무런 예고도 없이 어느 날 그렇게 경기에 나서지 않았다.

연속경기출장은 끝냈지만 그는 그 후로도 경기에 나섰다.

연속출장의 기록에 얽매이지 않는 자유인으로.

  떠나는 시간을 아는 사람은 그래서 아름답다.

o

노욕(老慾)

쓸쓸했다. 설마 그럴까 했으나 과연 그랬다. 잘나갈 땐 그저 그러려니 했던 스포트라이트가 한없이 그리웠다. 그토록 환호하던 팬들도 대부분 곁을 떠났다. 돈이 필요하기도 했지만 곰곰 생각하면 그것이 더 속상했다.

너무 일찍 그만둔 것일까. 힘이 완전히 떨어진 것은 아니었다. 산전수전 다 겪은 노련함만으로도 10승은 가능할 것이라고 판단했다. 여전히 그를 찾는 팀도 있었다. 일단 접었던 마운드에 다시 오르기로 했다.

장명부는 빙그레 이글스와 계약을 맺었다. 연봉을 일시불로 받는 조건이었다. 주위의 평가는 비관적이었다. 혹사

할 대로 혹사한 한물 간 투수라는 생각이 지배적이었다. 빙그레가 장명부의 허명에 속았다고들 했다. 왕년의 명성을 되찾기 위한 장명부의 승부수가 시작되었다. 그는 신인의 마음가짐으로 훈련에 임했다. 몇 년 전처럼 빠르고 싱싱하진 않았지만 공은 코너를 잘 찾아들었다. 이만하면 됐다고 여긴 심기일전의 마운드. 그러나 그건 미련이었고 노욕이었다.

한 시즌 30승의 관록을 앞세웠으나 그저 마음뿐이었다. 파워가 없었다. 그러니 노련미도 소용없었다. 아주 치기 좋은 공. 젊은 타자들은 타율의 재물로 장명부를 활용했다. 나가면 터졌다. 승리는 없었고 패전만 수북히 쌓였다.

장명부는 그래도 계속 마운드에 올랐다. 빙그레 역시 그를 부추겼다. 언젠가는 승리의 마운드를 맞이하게 되리라고 믿었다. 정확한 판단은 아니었다. 그저 희망사항이었다. 15연패. 30승의 위업을 송두리째 털어먹는 처참한 패전이었다. 측은지심을 불러일으키는 속절없는 마운드였다. 상황 파악이 안 된 미련한 마운드였다.

장명부에게 더 이상의 투구는 무리였다. 일본 프로야구의 강자였지만 한국엔 올 땐 이미 한창 시절이 지난 뒤였다. 그러나 한국 타자들은 한 수 아래였다. 첫해의 30승은 그래서 올릴 수 있었지만 그 사이 타자들의 질이 향상되었고 그는 3년간 54승을 올리기 위해 150경기에 등판하여 935이닝을 던졌다. 보통 투수들이 6년 정도 던지는 양을 30대 중후반에 3년 만에 던진 것이었다.

나이도 있지만 이미 만신창이가 된 몸. 그는 돌아올 수도 없었고 돌아와서는 안 되는 상태였다. 자존심, 돈 등 그로선 다시 한 번 해 봐야 할 이유가 있었으나 핑계가 있다고 해서 돌아와도 되는 건 아니었다. 돌아온 마운드에서 장명부는 모든 걸 잃어버렸고 아쉬운 기억 한 점 남기지 못하고 잊혀져버렸다. 세상에서 가장 불쌍한 이가 잊혀진 사람이라고 했는데 말이다.

떠났다가 돌아오는 사람은 제법 있다. 떠날 때 떠나는 충분한 이유가 있었음에도 금방 잊어버리고 돌아올 명분을 찾아낸다. 할 수 있고, 해야 할 일이 많고, 상황이 바뀌었고, 돌아오라고들 해서 등 이유는 구구하지만 그건 아니다. 예나 이제나 마찬가지이고 스포츠계든 정치권이든 마찬가지이다. 장강의 뒷 물결은 앞 물결을 밀어낸다. 세월의 강도 거슬러 오를 수는 없다. 욕심이 지나치면 욕이 된다.

A와 B와 C의 차이

A는 경기 때마다 투덜거렸다.

"명색이 프로라면서 그런 공도 하나 못 잡느냐"

"결정적인 찬스에서 헛방망이질이 뭐냐"

"병살타만 치지 않았더라도…."

듣기 좋은 꽃노래도 한두 번인데 자신이 마운드에 설 때마다 동료들의 실수를 걸고 넘어졌다. 팀의 에이스이고 최고의 투수인데다 아주 틀린 말이 아니어서 대부분 참았지만 심사가 뒤틀리기는 모두 한가지였다. 동료 야수들은 그런 그가 싫어서 '은근히' 실수를 했다. 바로 뛰어가면 잡을 수 있는 공도 한 박자 늦게 출발해서 안타를 내주는 등 가능하면 A가 오랫동안 마운드에서 고생하게 했다.

A가 은퇴 후 옛 팀을 찾았다. 후배들에게 반갑게 인사하며 라커룸으로 들어갔다. 그러나 2분도 채 되지 않아 라커룸에서 혼자 남게 되었다. 10여 명이 되는 선수들이 소리 없이 빠져 나갔다.

B는 선발 마운드에 서는 날이면 늘 바빴다. 컨디션 조절하랴, 음료수 캔 돌리랴, 마무리 투수의 몸 상태 점검하랴. 동료들은 캔 때문이 아니라 그의 살가운 행동이 고마워 B가 등장하는 날이면 더욱 열심히 뛰었다. 동료들은 혹 실수라도 하면 미안한 표정을 지었고 그것을 보며 B는 괜찮다는 듯 손을 흔들어 주었다.

C는 연말연시엔 빠지지 않고 카드나 연하장을 돌렸다. 모두 다른 팀 투수들에게 보내는 것이었다. "올 시즌엔 정말 고마웠다. 내년에도 잘 부탁한다"와 같은 단순한 내용이었다.

C는 카드를 보내는 이유에 대해 "카드를 보냈다고 좋은 공을 던지지는 않죠. 그래도 안 보내는 것보다 낫습니다. 사람이니까요"라며 카드 보내기가 훈련 못지않게 중요한 행사라고 했다.

국내 프로야구계에 큰 족적을 남겼던 A는 힘이 떨어진

말년에 방출되는 수모를 당했다. 뛰어난 투수임에도 지도 자의 길에도 나서지 못했다. B는 팀의 배려로 연수를 다녀 온 후 지도자로 나섰다. 인사를 잘했던 타자 C는 그 덕분 인지 은퇴 직전의 시즌에서 1점 차로 타점왕이 되었다. 그 가 코치가 된 것은 당연한 수순이었다.

학교든 직장이든 왕따는 있다. 아이들의 왕따는 어쩔 수 없을 때가 많다. 그러나 어른들 세계의 왕따는 A처럼 대부 분 그 자신의 책임이다.

기다림의 미학

　운동 감독의 첫 번째 덕목은 무엇일까. 자리를 고르는 것이다. 지장이니 덕장이니 하는 용병술은 다음 문제이다. 자신의 능력을 펼칠 수 있는 곳인가, 자신의 스타일에 맞는 팀인가, 선수들의 성분이나 가능성은 어떤가 등을 먼저 살펴봐야 한다. 소위 궁합이다.

　신생 팀을 잘 조련할 수 있는 감독이 있고, 사분오열한 팀을 잘 봉합해 승리를 만들어 내는 감독이 있고, 이미 다 들어졌지만 연결고리를 찾지 못해 헤매는 팀을 정상으로 이끌 줄 아는 감독이 있다. 똑같은 감독인데도 이 팀에선 되고 저 팀에선 안 되는 이유다.

기다리면 때가 오지만 다시 기회가 오지 않을까봐 팀컬러가 맞지 않는데도 덥석 물었다가 감독 수명을 단축하는 경우가 의외로 많다. 명감독이 계속 명감독으로 살아갈 수 있는 비결이기도 하다. 그들에게는 선택의 기회가 꾸준히 생겨 골라잡을 수 있다.

배성서 감독은 소문난 용장이다. 혹독한 훈련으로 창단팀 빙그레(한화 이글스)를 투지의 팀으로 키웠다. 그의 강훈을 이겨낸 빙그레는 오합지졸의 형편없는 팀이라는 평가 속에서도 첫해 1점차 승부를 29번이나 펼치면서 상위팀들의 간담을 서늘하게 만들었다.

배 감독의 조련 능력을 눈여겨본 MBC청룡이 그에게 감독직을 제의했다. 좋은 기회이긴 했으나 그의 야구 스타일과는 여러모로 맞지 않았다. 주위의 반대가 심했다. 영악한 선수들이 많아 배 감독의 무자비한 맹훈을 견디지 못할 것이고 그렇게 되면 선수들이 알게 모르게 밀어내기를 할 것이라는 게 대부분의 의견이었다. 신생 팀이 곧 생길 테니(쌍방울 레이더스) 기다리라고 조언했다.

하지만 배성서 감독은 기다리지 않았다. 영남대 시절 키우다시피 한 김재박도 있고 하니 걱정 없다며 MBC청룡과 덜컥 계약을 맺었다. 김재박은 사실 배 감독의 작품이나 다름없었다. 대기만성형일 수도 있지만 서울에서 고교를 졸업하고도 서울에 있는 대학에 들어가지 못하는 그를 영남대로 부른 것이 배성서 감독이었다. 배 감독은 김재박의 재능을 누구보다 먼저 알아본 인물이었다.

그런 김재박이 리더로 있는 팀인데 무슨 걱정이냐고 했다. 하지만 김재박은 강훈을 마다 않던 그 옛날의 김재박이 아니었고, 기가 센 다른 선수들도 무조건 밀어붙이는 배 감독의 지휘 방침을 좋아하지 않았다. 이미 어느 정도 경지에 오른 프로선수와 처음부터 다시 시작해야 한다며 몰아붙이는 감독은 부딪칠 수밖에 없었고 그해 MBC청룡은 나락의 길로 떨어졌다. 배 감독은 결국 계약 기간도 다 채우지 못하고 중도하차했고 이후 어떤 팀의 감독으로도 나서지 못했다.

군부독재 시절 자율이라는 단어는 새로운 아이콘이었다. 이광환의 선진 자율야구는 LG의 젊은 선수들과 잘 맞아떨어졌다. 이광환은 젊은 LG를 정상으로 이끌었다. 그러나 그는 똑같은 자율야구도 두산에선 실패했다. 시절이 맞지 않고 팀 스타일과도 맞지 않았기 때문이었다.

김인식은 쌍방울의 초대 감독을 맡았다. 신뢰의 야구로 선수들을 덕으로 이끌지만 쌍방울은 레이스에 참가하여 제대로 겨룰 만한 실력이 아니었다. 팀 구색을 맞추고 앞날을 대비했지만 성적은 보잘 것 없었다.

쌍방울을 떠나 한동안 쉬었던 김인식 감독은 선수들의 집단 팀 이탈로 와해된 OB베어스 감독을 맡게 되었다. 베어스는 일정 수준에 오른 팀이었다. 갈고 닦는 작업보다는 믿음과 인화가 필요했다. 신임 김 감독은 전임 감독과는 달리 선수들의 실력을 파악한 후엔 잘할 때까지 기다려 주었다. 실수하면 바로 빼버리는 것이 아니었다. 긴 레이스를 하다보면 누구나 실수는 한다는 전제를 깔고 실수를 참아주며 기다렸다.

"타자는 10번 중에 3번 안타를 치면 우수한 선수다. 7번 연속 못 치다가도 나머지 3번에서 연달아 치면 3할 타자다. 몇 번 연속해서 못 쳤다고 빼버리면 잘 칠 수 있는 타자는 그리 많지 않다. 참아주고 기다려야 한다. 수비에서의 실수도 마찬가지다. 누구나 실수는 하게 되어 있다. 한 시즌에서 실책을 가장 많이 하는 수비수는 수비를 가장 잘한다는 유격수와 3루수이다. 공이 그쪽으로 많이 가기 때문이지 그들이 다른 선수보다 못해서가 아니다. 그냥 놔두면 같은 실수를 되풀이 하지 않는다."

새가 울 때까지 기다리는 인내의 시험대이나 무턱대고

아무나 기다려주지는 않는다. 감독이 판단컨대 잘할 수 있는 재목이어야 한다. 세월이 약이다. 못 견디게 힘들어도 '이 또한 지나가리라'고 '이 또한 잊혀지리라'이다. 그러나 그것은 망각의 세월만 믿는 것으로 고비를 통과해야 할 땐 달라야 한다. 기다리지만 힘을 쏟아야 한다.

매미는 그렇게 기다릴 수밖에 없는 운명이지만 사람의 운명은 그렇지 않다. 개미는 제아무리 끈기가 있어도 공룡이 될 수 없지만 사람은 끈기 있게 노력하면 공룡을 만들 수는 있다.

싸워야 할 땐 싸워야

김응용 감독은 프로야구 심판들이 가장 싫어하는 감독이다. 항의를 가장 많이 하고 툭하면 트집을 잡으며 싸움을 걸기 때문이다. 김 감독이 한동안 잠잠하면 오히려 불안하다고들 하지만 그럴 때쯤 김 감독은 어김없이 덕아웃에서 뛰쳐나와 한바탕 소동을 피운다. 팬들의 입장에선 그 또한 구경거리이니 나쁠 건 없지만 심판 입장에서 보면 참 난처하다.

원조 억지 부리기 감독의 판정 항의는 그러나 마구잡이는 아니다. 17년간 호랑이 팀을 이끌며 11번 밖에 문제를 일으키지 않았다. 그럼에도 심판들이 넌더리를 내는 건 항의와 폭행의 교묘함이다. 김 감독은 심판들이 '이때쯤일 텐데…' 하고 생각하면 어김없이 나타나 심판들을 걸고 넘어졌다. '이때쯤'은 대부분 타이거즈의 성적이 좋지 않을 때로 김 감독은 그라운드를 열심히 보고 있다가 한바탕 소동을 일으킨다.

심판의 권위에 대들다 벌금 내고 출장 정지까지 먹은 김 감독. 퇴장을 부르는 어설픈 행동 같지만 치밀하게 준비한 계산된 말썽이다. 그가 2회 이상 문제를 일으킨 해는 83년, 85년, 86년 등 4번뿐이다. 타이거즈가 대체로 약체로 분류된 시즌이라는 공통점이 있다. 거친 항의와 적당한 폭력으로 선수들의 투지를 불러일으키자는 속셈. 결과적으로 폭력은 성공했다. 83년과 86년엔 예상을 뒤엎고 우승했고 99년 시즌 중에도 톡톡히 재미를 봤다. 5할 미만의 승률로 지지부진하던 팀이 김응용 감독의 12게임 출장 정지 후 10게임 7승 3패(승률7할)로 상승했다.

박찬호가 메이저리그에서 2단 옆차기를 선보였다. 말 만들기 좋아하는 미국 기자들이 여자 골프선수인 박세리, 박지은에게도 '태권도를 할 줄 아느냐고 물을 정도로 화제가 되었다. 박찬호의 상황 대처는 '일단' 좋지 않다. 박찬호는 상대가 가슴팍을 강하게 태그하며 뭔가 욕설 비슷한 것을 하자 몸을 붕 날려 2단 옆차기를 감행했다. 홈런을 맞은 뒤끝이고 미국인들이 잘 쓰지 않는 발을 사용함으로써 시끄럽게 되었다.

그러면 박찬호는 비록 글러브지만 가슴팍을 강하게 맞으며 뭐라고 중얼거리는데도 참아야만 했을까. 참았다면 그라운드의 신사가 되었을지도 모른다. 하지만 그냥 참았다면 박찬호는 업신여김을 받고 팀에서든 어디서든 한쪽 귀퉁이로 내몰릴 수도 있다. 말이 어눌한 동양인이 욱하는 성질까지 없다면 살아나가기 힘든 곳이 서양이고 메이저리그다. 태권도, 그것도 2단 옆차기까지 능한 선수에게 과연 누가 어설프게 시비를 걸겠는가. 박찬호의 전략적 옆차기 대응은 두고두고 유용한 살림밑천이 될 것이다. 비단 승부의 세계 뿐 아니라 일반 사회에서도 얌전만 빼고 너무 소심하게 뒷전으로 물러나기만 하면 존재감을 잃게 된다. 때로 싸움을 해야 할 때는 싸우는 것이 맞다.

○

감독이 할 일, 사장이 할 일

프로야구단 사장만큼 답답한 직업도 없다. 직원(코칭스탭과 선수)들이 일하지 않는 낮에도 뚜렷이 하는 일이 없지만 직원들이 신경을 곤두세우고 일하는(경기) 밤에는 더 할 게 없다. 신경을 쓰기는 선수나 코치진 못지않지만 플레이는 선수가 하고 작전 지시는 코칭 스탭의 몫이니 그저 바라만 볼 뿐이다. 그런데도 더러는 하루 종일 바쁘다.

낮에는 경영 관리를 한다. 그룹의 홍보사업비로 하는 사업이어서 흑,적자를 따지기가 사실 힘들다. 일 년 내내 구장을 채워도 적자 운영이다. 섣불리 흑자 운운했다가는 머리만 아프다. 밤에는 야구를 하고 있으니 시간을 낼 수 없다. 경기에 공헌하는 바가 전혀 없다고 해서 자기 팀이 시합을 하고 있는데 딴 일을 보기는 좀 그렇기 때문이다. 마음먹기에 따라 하루 종일 놀아도 된다.

낮에는 낮대로 쉬고 밤에는 딱히 할 일이 없으니 놀고. 그렇게 보면 프로야구단의 사장은 세상에 더없이 좋은 자리다. 하지만 그냥 놀았다가는 1년 채우기가 힘들다. 맥없이 있으면 '뜻이 없는 것 같다'고 수근거린다. 그래서 뭐라도 하려고 하면 '쓸데 없이 참견한다'며 내놓고 싫어한다.

오래전의 일이지만 모 구단의 신임 사장이 '뭔가 기여하기 위해' 아이디어를 냈다가 빈축만 산 후 1년 만에 자리에서 물러났다. 잘 던지다가도 후반부에 가선 얻어맞는 투수들을 보면서 '3이닝씩 3명의 투수가 한 경기를 책임지게 하거나(3,3,3전법) 한 투수가 1회씩만 던지게 하자(1×9전법)'는 것이었다. 얻어터질 때까지 놔두지 말고 맞기 전에 미리 투수를 교체하자는 것이었다. 그 사장은 이 기발한 생각을 감독 등 코칭 스탭에게 말했다가 무안만 당했다.

선발, 중간계투, 마무리의 역할이 애매모호했던 시절이어서 야구를 모르는 입장에서 보면 묘안이기도 했다. 선발투수는 5회, 100개의 공을 던지고 중간에 2~3명의 투수가 3회를 막고 9회에 마무리를 집어넣는 지금의 시스템을 생각하면 아주 잘못된 것도 아니다.

　가장 잘 던지는 투수는 3회 플러스알파, 그보다 조금 못한 중간투수 2명 정도는 1회 플러스알파, 그리고 이기고 있으면 마무리투수가 1회 등으로 조금만 발전시켰으면 선진 야구를 도입하는 공을 올렸을 지도 모를 일이었다. 야구단 사장은 책임자이면서 이방인이지만 자신의 책임하에 있는 걸 못 본 척 하는 것은 사실 무척 힘든 일이다. 그래서 여기저기 훈수를 두게 되고 책임자라는 이름 때문에 그해 팀 성적이 좋지 않으면 가장 먼저 단두대에 오른다. 힘은 있지만 경기장에선 일이 없는 사람. 현명한 사람은 그래서 할 일이 없을 땐 아무 일도 하지 않는다.

○

프로야구 92학번의 인생유전

하늘은 참 심술궂다. 인재를 낼 때는 꼭 무더기로 쏟아 낸다. 그래서 치열하게 싸움을 하게 만들고 자웅을 겨루게 한다.

동서를 막론하고 역사는 그렇게 만들어졌고 우리네 세 상살이도 이와 다르지 않다. 더러 운이라는 것이 작용하기 도 하지만 승자와 패자는 대부분 기회를 어떻게 잡고 고난 을 어떻게 다루느냐에 희비가 갈렸다.

타고난 재능이 승패를 가르지만 재능이 전부는 아니다. 갈고 닦지 않으면 그 재능 역시 물거품이 된다. 행운이 팔 을 벌려도 준비가 되어 있지 않으면 안을 수 없다. 비운이

앞을 가로막아도 투지를 앞세우면 결국 넘을 수 있다.

　세월은 결코 사람을 기다려주지 않는다. 그 세월을 자기 편으로 만드는 노력, 그건 오롯이 사람의 몫이다.

1. 군웅할거(群雄割據), 구름처럼 모여들다

프로야구의 92학번은 인재들의 경연장이었다. 에이급 이상의 투수만 해도 10명은 되었다. 그들은 적어도 향후 10년 이상 야구바닥을 뒤흔들 주인공들이었다. 한 걸음 더 나가 세상을 떠들썩하게 만들었다.

신일고의 조성민, 휘문고의 임선동, 경기고의 손경수는 초고교급이라는 수식어를 달고 다녔다. 부산, 경남 지역의 염종석, 차명주, 최창양도 고교 시절 우승 경력이 있었다. 충청 지역의 손혁, 박찬호, 정민철 등도 나름대로 내세울 게 있었다.

그해 고교를 졸업하며 갈림길에서 선 그들의 첫 번째 선택은 시끌벅적했다. 프로구단과 대학이 서로 모셔가기 위해 동분서주했다.

임선동은 LG와 연세대의 표적이었다. LG는 3억여 원의 돈다발이 든 007가방을 들고 임선동을 쫓아다녔다. LG의 집요한 설득에 임선동은 흔들리기도 했으나 3억 원으로는 성이 차지 않았다. 5억 정도라면 모를까⋯. 임은 처음 생각대로 연세대행을 선택했다. LG는 그간 들인 공이 아까워 그가 오든 말든 지명을 했다. 4년 후 대학을 졸업하면 확실히 잡겠다는 입도선매의 포석이었다. 그러나 별 심각하게 생각하지 않았던 그 한순간의 흔들림은 임선동 야구 인생의 길고도 커다란 걸림돌이었다. 조성민은 한순간도 망설이지 않았다. 확실하게 고려대행을 결정짓고 일체 프로구단과 접촉하지 않았다.

베어스는 일찌감치 조성민을 포기하고 장래성이 더 높은 손경수에게 매달렸다. 150킬로미터대의 묵직한 공을 탐내기도 했지만 잘만 구슬리면 손경수를 잡을 수 있을 것 같다는 판단이었다. 손경수는 다소 갈팡질팡했다. 베어스가 내민 2억 원의 계약 조건을 탓하면서 여지를 남겼다. 하지만 적잖은 장학금 혜택을 제시한 홍익대로 발길을 돌렸다. 베어스 역시 4년 후를 대비해 손경수를 1차 지명했다.

공주고의 마운드를 책임졌던 손혁과 박찬호는 고려대

와 한양대를 선택했다. 충청 연고의 이글스는 대학행이 확고부동한 손혁은 제쳐두고 공이 엄청나게 빠른 박찬호를 붙잡아 보려고 했다. 계약금 2천만 원의 푼돈으로. 콘트롤이 문제였지만 스피드에서만은 최고였던 박찬호에게 2천만 원은 일고의 가치도 없었다. 억대 계약금설이 파다한데 그건 자존심 문제였다.

이글스는 두 선수 중 누구도 지명하지 않았다. 지명권을 헛되이 쓰고 싶지 않았다. 지금 당장 궁한 판인데 두고 두고 기다리기 싫었다. 이글스는 대신 굴러온 복덩어리 정민철을 잡았다. 대전고를 졸업했지만 특별히 갈 곳이 없던 정민철은 거의 제발로 찾아들었다. 별 대수롭지 않게 여겼지만 대기만성이라고 정민철은 프로에서의 첫 겨울을 보내며 완전히 다른 선수가 되었다.

이정길은 연세대, 차명주는 한양대, 최창양은 중앙대로 진로를 잡았고 부산고의 에이스 염종석은 곧장 롯데로 직행했다.

2. 일진광풍(一陣狂風), 전설의 시작

학생 마운드에서 성인 마운드에 오른 10인. 새 길로 들어설 때의 성적을 굳이 매긴다면 조성민, 임선동, 손경수가 선두권이고 손혁, 이정길 등 대학파들이 그 뒤였다. 정민철은 사실 순위를 다툴 수 있는 처지가 아니었다. 2천만 원까지 주면서 데려다 쓸 정도는 아니라는 게 코칭 스탭의 판단이었다.

처음 대학 진학파들의 길은 평범했다. 더러 이기고 더러 진들 두드러지게 표시나지는 않는다. 국가대표로 선발되고 해외 경기에 나가봤자 아마추어여서 크게 관심 둘 대상은 아니었다. 하지만 프로행의 두 고졸 선수는 화제를 몰고 다녔다.

가정 사정 등으로 롯데에 둥지를 튼 염종석은 이겨야 할 이유가 확실했다. 겨울 훈련을 거치며 어깨를 다듬은 그는 19세의 겁 없는 공으로 프로마운드를 평정했다. 완투, 완봉승을 기록하며 무려 17승을 올렸다. 롯데의 에이스 윤학길과 어깨를 나란히 하는 활약이었다. 35번이나 마운드에 오르며 6번의 세이브기록을 세우기도 했다. 구도 부산은 염종석에 열광했고 그를 앞세운 롯데는 최동원의 한국시리즈 4승 후 처음으로 한국시리즈 정상을 밟았다. 그러나 염종석의 영광은 그리 오래가지 않았다.

정민철은 반전의 무대를 만들었다. 팀의 해외 전지훈련에도 따라나서지 못했던 정민철은 모두가 떠난 텅 빈 대전구장에서 홀로 연습하며 길고 긴 겨울을 보냈다. 외롭고 쓸쓸했던 그 겨울, 정민철은 몸을 만들며 비상을 준비했다. 김영덕 감독은 불과 2~3개월 사이에 확 변한 정민철을 선발진에 끼워 넣었다. 첫술에 배부르지는 않았지만 에이스를 향한 발걸음을 힘차게 내딛었다.

잠잠하던 대학 마운드에도 바람이 일렁였다. 첫 주자는 손경수였다. 막상 큰맘 먹고 홍익대로 향했으나 홍익대의 전력은 강하지 않았다. 상대적으로 스포트라이트를 받지 못했던 손경수는 점차 나태해지기 시작했다. 팀의 훈련에도 잘 빠지는 등 운동 선수로서 하지 말아야 할 행동도 가끔 했다. 학교도 통제하기가 만만찮은 이 게으른 에이스를 무척 못마땅하게 여겼다. 그러다 엎친 데 덮친 격. 그의 부친이 교통사고로 사경을 헤매는 일이 생겼다. 손경수는 아버지의 병원비를 마련하기 위해 고교 졸업 때 그를 지명했던 베어스를 찾았다. 계약금 7천8백만 원. 2년 전 2억 원의 절반도 안 되는 계약금이었으나 별다른 선택의 여지가 없었다.

아버지도 살리고 신나게 운동도 할 수 있는 기회. 하지만 운명의 여신은 여전히 그를 돌봐주지 않았다. 아버지는 그가 노력한 보람도 없이 세상을 떠나고 말았다. 프로와 아마추어 대학과의 규칙 때문에 그 역시 마운드에 오르지 못했다. 어찌어찌해서 KBO에 신인 선수 등록은 했으나 프로 마운드에 오르려면 규약상 최소 1년은 기다려야 했다. 동시에 두 가지 목표를 잃어버린 손경수는 예의 술버릇이 도졌고 간염이라는 병까지 덮어쓰고 말았다.

최창양은 태평양을 오가는 반전을 거듭했다. 중대 재학 중 미국으로 건너간 최는 필라델피아에 입단, 마이너리그에서 수업을 받다가 한국 프로로 되돌아왔다.

박찬호는 광풍의 핵이었다. 한양대 3학년 재학 중 미국으로 건너갔다. 그의 빠른 공에 매료된 메이저리그 LA다저스가 스카웃한 것. 다저스는 박찬호를 데려가기 오래전부터 철저하게 준비했다.

3. 즐풍목우(櫛風沐雨), 뻗어가는 기세

박찬호의 행운의 다저스행에는 손경수가 있었다. 누구도 의도하지 않았지만 운명은 얄궂게도 그렇게 흘러갔다.

1991년 8월 손경수는 임선동, 조성민과 함께 한·미·일 친선고교대회 대표로 뽑혔다. 그러나 손은 결국 탈락했다. 홍익대행을 결정하고서도 서울 연고 프로야구팀 LG, OB 와도 계약을 했기 때문이었다. 야구협회는 프로야구계와 선수들에게 일침을 놓기 위해 미국 출발 직전 3중 계약의 손경수를 제외시켰다. 대신 그 자리에 박찬호를 집어넣었다. 박을 추천한 이는 한양대 이종락 부장. 박을 탐내고 있는 대학이었지만 실력상 별 하자가 없었기에 모두 받아들였다.

그러나 박찬호의 기용 가능성은 높지 않았다. 아무래도 쌍두마차인 조성민과 임선동이 먼저였다. 하지만 그 둘의 컨디션이 그리 좋지 않았다. 덕분에 박찬호는 4게임 중 3게임에 나설 수 있었고 메이저리그 스타우터들은 그의 빠른 공을 눈여겨보았다.

국내의 평가는 '그저 공만 빠를 뿐'이었으나 메이저리그 스타우터들의 생각은 달랐다. 컨트롤은 훈련을 통해 가다듬을 수 있지만 빠른 공은 타고난다고 보았다. 박찬호는 여기서 훗날 메이저리그행의 강력한 협력자가 된 스티브 김을 만났다. 2년 후. 다저스는 버팔로 유니버시아드에 출전한 박찬호를 보며 확신을 가졌다. 그리곤 학생 신분이며 아직 군대를 마치지 않은 그를 '유학'이라는 편법을 사용하며 스카우트했다. 다저스의 철저한 전략 끝에 일약 메이저리거가 된 박찬호. 한국인 팬을 잡으려는 다저스의 상술 등에 힘입어 꿈의 마운드로 직행했지만 그 마운드는 높고 높았다.

정민철은 하루가 다르게 뻗어 나갔다. 92년 시즌 초의 마운드는 불안했다. 코칭 스탭이 기대를 걸고 올렸지만 아직은 덜 익은 풋사과였다. 하지만 생각보다 훨씬 빨리 1군 마운드에 오른 게 기폭제가 되었다. 자나 깨나 야구밖에 없었다. 코치진의 지시를 철저하게 실천했다. 10개를 연습하라고 하면 100개를 던졌다. 스스로를 믿는 느긋한 마음과 보통 사람보다 한 뼘이나 더 긴 팔도 한몫했고 던지면서 요령도 익혔다.

쌓이고 쌓인 훈련이 마침내 빛을 발휘했다. 고비 넘기가 힘들었지 일단 한 고비를 넘자 신세계가 펼쳐졌다. 야구가 확실하게 보이고 마운드에 서면 자신감이 생겼다. 어느 날에는 타자들의 타격이 슬로우비디오처럼 확연하게 눈에 들어오기도 했다. 신바람을 탄 그의 마운드는 거칠 것이 없었다. 93년 14승을 올리며 에이스급으로 올라선 후 내리 8년간을 10승 이상 기록했다. 한창 때의 정민철을 보면서 선동열은 '내 뒤를 이을만한 재목'이라고 칭찬했다. 타격의 달인 이종범도 '최고의 직구'라고 했고 포수 박경완은 '받아본 공 중 최고'라고 했다.

최창양은 마이너리그에서 1년여간 몸을 굴렀다. 큰 뜻을 품고 많은 걸 담기 위해 노력했지만 메이저리그의 벽은 생각보다 높았다. 머릿속이 복잡할 즈음 삼성이 찾았다. 입학 동기들이 프로행을 앞둔 95년 말 역대 신인 최고액인 5억 원의 계약금을 받았다. 삼성은 규약을 교묘하게 활용, 롯데 연고의 최창양을 품에 안았다. 일장춘몽이었다.

박찬호는 빠른 공만으론 한계가 있었다. 세계 최고의 무대. 100마일의 공이 화제가 되기도 했지만 들쭉날쭉하는 공은 잡히지 않았다. 그에게도 팀에게도 늘 불안한 마운드였다. 짐을 쌌다. 젖과 꿀 대신 마른 빵과 아픔을 씹어야 하는 마이너리그. 실망이 컸지만 박찬호에겐 그것이 시작이었다. 숙소까지의 10킬로미터를 매일 뛰어 다녔다. 기약없는 세월이었지만 박찬호는 결코 포기하지 않았다. 훈련은 희망이고 고통은 꿈 이었다.

다저스의 투수 조련사들도 그의 가능성을 높게 보았다. 한 3년 그렇게 죽을 정도로 보내면 충분하다는 계산이었다. 말을 배우고 공을 배우고 정신을 다잡는 숙련의 시간들이 정신없이 흘렀다.

4. 고해중생(苦海衆生), 변화무쌍한 세월

　야구공의 실밥은 108올이다. 108개의 실매듭이 이어져 한 개의 공을 만든다. 그 실밥을 어떻게 잡느냐에 따라 공은 휘어지기도 하고 꺾이기도 하고 바로 들어가기도 한다. 그야말로 변화무쌍. 백팔번뇌와 다르지 않다.

　고해의 마운드. 괴로움의 바다(苦海)는 끝내 닿을 언덕이 없으니(終無岸) 시름의 성(愁城)을 어찌 쉽게 공략할 수 있겠는가(豈易功). 공 하나에 승리가, 공 하나에 인생이 걸렸다. 겉보기엔 그저 그럴지 몰라도 그들이 뿌린 수많은 공에선 조금씩 번뇌가 묻어났다.

　10인의 투수들은 앞서거니 뒤서거니 하면서 각자의 마운드를 꾸렸다. 한바탕 바람이 불었지만 그래도 대학 4년은 조용했다. 하지만 그것은 폭풍 전야의 고요함이었다. 졸업과 함께 다시 맞이하게 된 선택의 기로. 예년의 경우라면 어느 프로구단으로 가느냐 정도였다. 하지만 그들이 졸업을 앞둔 그해엔 변수가 있었다.

첫 번째가 현대의 아마추어팀 창단. 대통령선거에 나섰다가 낭패를 본 정주영 회장이 느닷없이 스포츠팀 육성을 지시하며 프로야구팀 창단을 우선시했다. 그러나 그건 마음대로 되는 것이 아니었다. 프로야구단 설립 때만 해도 '제발 맡아달라'며 애원했고 그 후로도 팀 인수를 권했지만 이젠 아니었다.

한다고 해서 그저 할 수 있는 상황이 아니었다. 백방으로 방법을 모색하던 현대는 팀 만들기가 여의치 않자 대한야구협회 회장을 맡고 실업팀을 만들면서 대어들을 싹쓸이했다. 현대가 내세운 올림픽 출전 명분과 거액의 입단 보상금은 선수들이 솔깃할 만했다. 임선동도 분위기에 휩쓸려 7억 원에 덜컥 입단 계약을 맺었다.

두 번째는 해외 진출. 박찬호가 바람을 일으켰고 미, 일 프로구단들을 손길을 뻗치고 있어 실력과는 별도로 너도나도 바다 건너를 기웃거렸다. LG가 마뜩찮아 현대의 손을 잡았던 임선동은 또 다른 기회를 잡았다. 일본 프로야구 다이에 호크스였다. 계약금 1억5천만 원(약 15억 원), 연봉 1천2백만 엔(약 1억2천만 원)에 8년 장기 계약이었다. 혹할 만한 조건이었지만 기회가 아니고 족쇄였다.

임은 LG는 무시할 수 있고 현대는 적당히 물릴 수 있을 것이라고 생각했다. 그러나 그건 그렇게 쉬운 일이 아니었다. 프로구단의 지명권이 옳은 것이 아니고 노예 계약에 가까운 불평등 계약이지만 자기들만의 성을 지키려는 기득권층을 떼로 상대해야 하는 힘겨운 싸움이었다.

LG는 지명권을 내세워 임선동의 발목을 잡았다. 다이에로서도 어쩔 수 없는 일이었다. 한일프로야구 협정 때문에 임선동이 스스로 문제를 풀지 못하면 데려갈 수 없었다. 지루한 법정 싸움이 시작되었다. 임선동은 결국 이겼다. 법이 불평등 계약임을 인정했다. LG와의 다툼으로 한국과 일본의 어느 마운드에도 서지 못했던 그 세월을 보상받고자 했지만 법은 법이고 현실은 현실이었다.

싸움에선 이겼지만 다이에는 한국 측의 눈치를 보느라 선뜻 손을 내밀지 못했다. 길이 막혀버린 임선동은 '죽어도 싫은' LG와 프로행을 마다하고 현대 피닉스에 몸을 얹었다. 그리곤 태극마크를 달고 그대로 애틀랜타 올림픽에 출전했다.

조성민은 훨훨 날았다. 프로구단에 얽매이지 않았던 그는 박찬호를 보면서 해외진출 계획을 세웠다. 국내 프로구단들이 손을 내밀기 전 이미 일본 프로야구의 최고 명문 요미우리 자이언츠와 일찌감치 계약을 체결했다. 잘난 동기를 옆에 둔 덕분에 차명주 등은 어부지리했다.

프로구단들은 대어가 빠져나간 자리를 준척으로라도 메우기 위해 거금을 뿌렸다. 미국에서 돌아와 조금 일찍 프로전선에 나선 최창양의 5억 원이 기준선이 되었다. 차명주가 5억 원에 롯데, 손혁이 4억 원, 이정길이 3억8천만 원에 LG로 향했다.

4년 전 프로마운드에 올라 성공시대를 열었던 정민철, 염종석을 감안하면 이들은 신인 첫해 15승 정도는 올려야 했다. 하지만 그 누구도 그러지 못했고 사상 최고의 몸값 인플레이션 덕만 보고 말았다. 이들을 생각하면 정민철 등은 중간보너스로 몇 억씩 받아야 했지만 세상은 그렇게 제멋대로일 때가 있다.

이제 2라운드 싸움. 이들의 마운드 무게가 조금씩 달라지기 시작했다.

박찬호는 약속의 땅을 눈앞에 두었다. 조성민은 희망의 땅에 들어섰다. 임선동은 법정에서 싸워야 할 판이었다.

정민철은 꾸준한 활약으로 연봉 1억 원에 다가섰다. 최창양은 미국에서 배운 공 덕분에 기대주 평가를 받았다. 손혁은 공주고 에이스 시절을 꿈꾸며 재역전의 의지를 다졌다. 차명주는 몸값을 하기 위해 착실하게 몸을 만들었다. 염종석은 부상에서 좀처럼 헤어나지 못하고 있었다. 이정길은 전훈지에서 부상을 입어 개문휴업을 할 판이었다. 그러나 손경수는 이 대열에 끼지 못했다. 1996년의 아침이 그렇게 밝았다.

5. 와신상담(臥薪嘗膽), 시련의 한가운데

잔인한 세월이었다. 고작 17일 2게임 4이닝 5안타 5실점의 초라한 성적을 안고 마이너리그로 내려갔다. 잠깐 맛본 메이저의 환영이 눈앞에 어른거렸다. 머리를 세차게 흔들며 모든 영광을 떨구어 냈다.

자문자답의 시간들. 할 수 있을까. 할 수 있다. 참을 수 있을까. 더한 고통도 이겨내야 한다. 다시 메이저 마운드에 설 수 있을까. 당연히 선다.

생활이 훈련이었다. 숙소까지의 달음박질은 기본이었다. 던지고 또 던지며 공을 어루만졌다. 그리움도, 아픔도, 실망도 모두 공에 실어 날려 보냈다. 2년의 시간은 길고 길었지만 머물러있지는 않았다. 그의 공도 실력이 부쩍 늘었다. 노력하는 자에겐 반드시 기회가 오는 법.

4월 7일 시카고 원정경기. 2회 초 선발투수 라몬 마르티네스가 타격을 하고 1루로 뛰어가다 허벅지를 잡고 쓰러졌다. 다음 수비 때 박찬호가 마운드에 올랐다. 4이닝 3안타 4사사구 7삼진. 사사구가 많았지만 삼진이 더 많았다. 무실점 투구였다. 2년 전 아픔을 씻은 메이저리그 첫 승이었다. 시련의 세월이었다.

염종석은 팔꿈치와 어깨에 번갈아 메스를 댔다. 입단 첫해 신인왕과 골든글러브, 그리고 한국시리즈 우승의 영광이 두고두고 그를 괴롭혔다. 그 시절에 늘 그랬지만 너무 자주 그리고 많이 등판했다. 다시 일어서기 위해 처절한 싸움을 했지만 계속되는 부상 앞에선 방법이 없었다.

이듬해 10승을 올렸지만 그것이 두 자릿수 승수의 마지막이었다. 모두가 프로무대의 경쟁에 뛰어든 96년에 그는 단 1승도 올리지 못했다. 마운드에 오르는 것 자체가 힘들었다. 너덜너덜해진 어깨와 팔꿈치, 정신력만으론 치유가 불가능했다. 짧은 영광에 이은 긴 부상의 터널이었다.

조성민은 시작은 좋았지만 끝은 미미했다. 고교 시절부터 이어진 에이스. 당시 한국적 상황에서 혹사는 당연했다. 풍운의 꿈을 안고 시작했지만 어깨가 부실했다. 좋은 공이 나올 수 없었다. 어깨의 휴식과 일본 야구에의 적응을 위해 2군에서 1군 수업을 받았다. 성적이라고 내세울 것도 없었다. 단 1승도 없었으니…. 하지만 분위기는 나쁘지 않았다. 몸이 서서히 정상궤도를 찾았다. 마음 역시 편안했다. 코칭 스탭들도 가능성을 높게 봤다. 2군 투구에서 잠재력을 읽었다. 국내 프로파들의 어깨엔 '먹튀'라는 불명예가 내려졌다. 예상하긴 했지만 그 이상이었다.

이정길은 동계훈련장에서 중도 귀국, 허송세월을 했다. 손혁이 1승, 차명주가 2승(5세이브)이었다. 최창양이 6승 10패로 선발 마운드에 섰으나 돈에 비해 지극히 초라한 성적이었다. 손경수는 몰락했다. 그는 95년 말 임의탈퇴로 동기들과 프로마운드에서 조우하지 못했다. 그러던 그가 2년여가 지난 98년 어느 날 두산 구단을 찾았다. 처절하게 훈련을 한 것도 같고 아닌 것 같기도 한 손경수였다. 그의 요청대로 테스트가 진행되었지만 한창 때의 손경수는 그 어디에도 없었다. 그 역시 몇 번 공을 던진 후 아닌 걸 알고는 조용히 사라졌다.

6. 적자생존(適者生存), 희비가 교차하다

　약관의 나이에 시작한 경쟁상이 보다 구체적으로 모습을 드러냈다. 강산도 변한다는 10년 세월. 어느새 확고히 서야 하는 이립(而立)에 이르렀다. 보통 사람들에겐 한창 때일 수도 있지만 운동 선수에겐 하산길의 시작이다.

　박찬호의 행보는 거침이 없었다. 97년 풀타임 메이저리거로 14승을 거둔 후 98년 15승, 99년 13승을 하며 2000년엔 한 단계 성장한 투구로 메이저리그 톱10에 올랐다. 98년 아시안게임 국가대표로 출전하여 우승을 한 덕분에 군문제도 말끔하게 처리했다. 2001년 시즌 연봉이 1천만 달러. 한 개인이지만 커다란 회사를 운영하는 것이나 마찬가지였고 그의 승승장구는 해가 질 줄 몰랐다.

조성민은 부침이 있었다. 1년여의 적응 훈련 후 맞이한 97년 시즌을 1군에서 시작했다. 1승 2패 11세이브. 기대치만큼은 아니었지만 나쁘지도 않았다. 98년 시즌, 선발로 7승 6패의 성적을 거둬 본격적인 상승세를 이루는가 했으나 부상이 도져 다시 시름의 세월에 빠져들었다. 수술과 재활 훈련으로 99년을 보낸 조성민은 2000년 8월 2년여 만에 선발승을 거두었지만 썩 좋은 것은 아니었고, 그 옛날 비교 대상이 되지 않았던 정민철에게도 쫓기는 처지가 되었다.

정민철은 8년간의 프로생활로 FA혜택을 받았다. 2000년 초 요미우리로 진출했다. 기복이 심한 투구로 코칭 스탭의 신뢰를 얻지는 못했지만 2승을 올려 외견상으론 조성민보다 나았다. 통산 109승의 정민철은 조금 늦은 감이 있었다. 요미우리에서의 성공 여부가 불투명했다. 하지만 수십억의 계약금과 연봉을 챙겼다. 고교 졸업 후와는 비교할 수 없는 비상이었다.

요미우리에서 함께 뛰게 된 조성민과 정민철. 그들은 시소게임을 해야 했다. 규정상 함께 1군무대에선 뛸 수 없었다. 1명이 1군에서 뛰면 다른 1명은 2군에서 쉬어야 했다. 그들은 가장 치열한 적자생존의 무대에 서 있는 셈이었다.

임선동은 어둠의 긴 터널을 벗어났다. LG와의 앙금이 여전했지만 둘은 함께 사는 길을 모색했다. 한시적인 동거였다. 2년간의 계약 기간을 채우면 다른 팀으로 갈 수 있는 조건이었다.

97년 11승 7패로 체면을 세웠으나 98년엔 1승 6패로 저조했다. 현대로 자리를 옮긴 첫해 부진했으나 마부작침의 시간을 거쳐 진면목을 과시했다. 프로 첫 완봉승을 기록하며 다승왕에 올랐고 두 번째 올림픽에 출전, 한국의 동메달에 기여했다.

손혁은 데뷔 이듬 해인 97년 8승으로 기지개를 켠 후 98년 11승, 99년 10승을 기록했다. 최소한 체면치레는 한 것이었다. 그러나 2000년 시즌을 끝내고 해태로 트레이드 되면서 가시밭길을 걸었다. 입단 4년 만의 첫 승을 맛본 이정길은 무대 뒤편으로 서서히 사라졌고 차명주, 최창양도 은퇴 수순을 밟았다.

조성민은 마운드 밖에서 더 많은 화제를 뿌렸다. 2000년 최고의 인기 여배우 최진실과 결혼에 골인했다. 결혼에 이르기까지 마음고생을 했지만 만인의 부러움 속에 하나가 되었다. 최고 스포츠 스타와 최고 배우와의 만남은 그러나 오래 가지 못했다. 툭하면 불화설이 터져 나왔다. 스포츠

담당 기자와 연예 담당 기자들은 같은 상황을 달리 이야기하는 둘의 말을 전하느라 정신없었다. 기자들도 마운드와 스크린으로 편이 갈릴 정도였다. 누구의 말이 진실인지 헷갈릴 때도 많았다. 불운이고 불행이었다. 2002년 조성민은 일단 마운드의 인생을 접었다. 요미우리는 더 이상 그를 잡지 않았다. 최진실도 더 이상 그의 곁에 있으려 하지 않았다.

인간사 새옹지마(塞翁之馬)라고 했던가. 그들의 10년 길은 희비가 교차했다. 한쪽이 오르면 다른 한쪽은 내려왔다. 그 10년 길에서 마운드의 성패는 절반 이상 가려졌지만 그것으로 모든 길이 끝난 것은 아니었다. 마운드의 길은 그저 긴 인생사의 한 부분이므로.

7. 인생유전(人生流轉), 흐르고 또 흐른다

불혹(不惑)을 넘어 지천명(知天命)으로 가는 나이. 마운드의 파란만장한 삶은 끝났다. 그러나 다 끝난 것은 아니다. 어쩌면 이제 시작일지도 모른다. 가지 않은 새 길, 갈 수 없었던 새로운 길. 살아온 삶이 앞으로의 삶에도 영향을 미치겠지만 온전히 그렇지는 않다. 새 길에는 늘 새로운 뭔가가 있다.

박찬호는 156승의 금자탑을 세웠다. 아무도 가지 않은 미국 프로야구, 일본 프로야구, 한국 프로야구에서 골고루 기록했다. 그러나 그런 숫자적 기록보다 메이저리그 전장에서 17년이나 보낸 것이 사실 더 대단한 기록이다. 결코 승패의 이야기로만 끝낼 수 없는 그 무엇이 있다.

2011년 돌아오는 길에 일본 야구까지 섭렵한 박찬호는 2012년 오래전 그를 어줍잖게 여겼던 고향 팀 한화에서 선수 시절 막을 내렸다. 2천만 원의 연봉. 물론 돈을 전혀 문제 삼지 않았지만 91년 말 그에게 내밀었던 계약금과 같은 액수다. 당시 천만 원을 올려 3천만 원을 제시했다면 어떻게 되었을까? 한양대도 접고 메이저리그도 꿈꾸지 않고 그대로 빙그레 이글스에 남았을까? 가지 않은 길의 운명을 어떻게 알겠는가. 다만 빙그레가 그를 몰라본 것이 그에겐 천재일우였다. 고향팀 한화는 그래서 이모저모 고마운 팀이다.

2005년 결혼을 했고 메이저리그 막판 다시 마이너리그로 내려가는 수모를 겪었으나 그때의 수모는 단순한 수모는 아니었다. 도전이고 후회하지 않으려는 적극적인 시도였다. 가끔 방송에도 얼굴을 내밀며 대중과 교류하고 선블록 크림의 광고 모델을 하면서 친근하게 다가서는 박찬호. 한 템포 쉬어가고 있지만 얼마 지나지 않아 새로운 모습을 선보일 것이다. 야구장이든 야구장 밖이든.

조성민은 불혹의 마흔 나이에 안타까운 생을 마감했다. 2005년 김인식 감독의 배려 속에 한화에 둥지를 틀었다. 김 감독은 2년씩이나 신인드래프트에 신청서를 낸 그에게 기회를 주었다. 마지막이라는 각오 속에 배수진을 쳤지만 싱싱한 마운드를 되돌리기엔 너무 늦었다.

2007년 은퇴 후 한때 사업을 했으나 그마저도 여의치 않았다. 2010년쯤 필리핀에서 우연히 조성민을 본 적이 있다. 근황을 묻자 지금은 어렵긴 하지만 조금씩 활로를 찾고 있다며 꼭 일어설 것이라고 했다. 수년 전 최진실씨도 스스로 목숨을 끊었기에 조성민의 짧은 생의 사연은 긴 여운을 남겼다. 세상살이는 더러 한 번 꼬이면 좀처럼 풀리지 않는다.

임선동은 첫 발이 문제였다. 타고난 재능에 훨씬 못 미치는 기록을 남겼다. 서른 이후 승리를 올리지 못했던 그는 52승을 작성한 후 2007년 은퇴했다. 성적도 그렇지만 대접 또한 시원찮았다. 선택의 기로에서 좋지 않은 결정을 내린 탓이었지만….

선택은 늘 우리 앞에 대기하고 있다. 더러는 잘못 하기도 하고 잘못한 선택이 도움이 되는 적도 있다. 그러나 중요한 것은 무엇을, 어떤 것을 선택했느냐가 아니다. 선택한 그 선택을 얼마나 훌륭하게 밀고 나가느냐는 것이다. 실천하고 노력하기에 따라 잘못된 선택도 얼마든지 좋은 결과를 낳는다. 나쁜 선택을 좋은 선택으로 바꾸는 것 역시 사람의 일이다.

마운드에 있지만 마운드 밖에서 더 고생하며 마음앓이를 했던 임선동은 외형적으로나 내형적으로나 썩 달라진 모습으로 모교 후배들을 가르치고 있다.

정민철은 꾸준했고 마무리도 괜찮았다. 일본에서 크게 이름을 내지 못했지만 나쁜 선택은 아니었다. 요미우리 쪽에서 보면 '먹튀'일 수도 있겠으나 그의 입장에서 보면 남는 장사였다. 2년여 만에 돌아온 한화 마운드에서 7년간 62승을 더 올렸다. 통산 161승으로 승수에선 동기들 중 최고 기록이다. 일본의 3승을 더하면 18년 통산 164승이다.

국내에선 그만의 기록도 남겼다. 무사사구 노히트노런 경기, 최소경기 1000탈삼진, 최연소 100승, 최연소, 최소경기 2000이닝 투구 등. 2009년 시즌 중 은퇴식을 가졌다. 그의 등번호 23번은 영구 결번이 되었다. 해설자로, 코치로 야구인생을 계속 잇고 있다.

손혁은 2004년 두산에서 은퇴했다. 성적이 뜸했을 때 프로골퍼 한희원과 결혼했다. 흔치 않은 스포츠 스타 커플의 탄생이었다. 통계적으로 보면 2세의 진로가 궁금해진다. 조금 이른 은퇴를 결정한 것은 마운드 2편을 준비하기 위한 구상 때문인 듯. 미국 본토에서 야구 공부를 한 후 투수 인스트럭트, 해설가를 하면서 야구 관련 책까지 펴냈다. SK코치를 시작으로 지도자의 길에 들어섰다.

염종석, 차명주 등은 해설 마이크를 잡았다. 가장 궁금한 인물은 손경수. 어선을 탄다, 운수업을 한다는 이야기가 나돌았지만 확인된 것은 없다. 여전히 야구장 근처에서 그를 봤다는 사람은 없다. 일찍 잊혀진 인물이 되고 말았다.

이제 그들의 마운드 승부는 없다. 성공과 실패에 대한 세속적인 평가는 있을 수 있지만 그들의 마운드 인생에 점수를 매길 수 없고 아직 그럴 때도 아니다. 그들 앞에는 여전히 길고 긴 인생길이 남아있고 그 길은 개인의 몫일 뿐이다.

레이스는 아직도 진행형이고 흐름은 늘 불가사의다. 인생은 그저 흐르고 흐르며 뒤집히고 또 뒤집힌다.

사람을 망치는 선택,
사람이 바뀌는 선택

초판 1쇄 발행 2018년 4월 17일

지은이 이영만
펴낸이 최용범

편집 이우형, 김정주
디자인 신정난
영업 손기주
경영지원 강은선

펴낸곳 페이퍼로드
출판등록 제10-2427호(2002년 8월 7일)
주소 서울시 마포구 연남로3길 72 2층
이메일 book@paperroad.net
홈페이지 http://paperroad.net
블로그 blog.naver.com/paperroad
페이스북 www.facebook.com/paperroadbook
전화 (02)326-0328
팩스 (02)335-0334
ISBN 979-11-88982-04-2(03320)